NHK趣味の園芸 よくわかる栽培12か月

ウメ

大坪孝之

目次

M.Suzuki

ウメの魅力と育てる楽しみ

寒い季節に百花に先駆けて咲き、また「梅に鶯」「梅雨」「梅干し」「塩梅《あんばい》」などの言葉があるように、ウメほど日本人の生活に密着している樹木はありません。観賞においても、サクラの満開に対して、ウメは「梅一輪」「凛として」咲くと表現されるように、日本人の美意識を代表する樹木であるように思います。

ウメは開花期間が長く、早咲きの品種では2か月、普通の品種でも1か月半は咲き続けます。さらに、品種を選べば花だけでなく、実も楽しめます。家庭で育てていれば、梅肉エキス、梅酒、梅干しなど、熟度に応じて収穫し、利用することも可能です。

T.Otsubo

日本の気候風土に最も順応した植物ですので、ほとんど無農薬で栽培でき、この意味でも、まさに健康食品の代表といえます。

ちなみに「青梅は毒」といわれ、「梅は食べても核食うな、天神様が寝てござる」ということわざがありますが、ウメの種子の中には青酸化合物が含まれ、猛毒を示すことがあります。しかし、果肉には毒性のある物質はほとんど含まれませんので、果肉だけ食べるのなら問題ありません。青酸化合物も、加工されることによって有毒成分が遊離し、最後には安息香酸という物質に変わります。安息香酸は、コーラなどの飲み物に使われる防腐剤です。ウメは天然の防腐剤を含んでいるのです。

また、「梅切らぬ馬鹿」という言葉が示すように、ウメは切ることによく耐え、切ることによる樹形づくりも容易な樹木です。もちろん、放任しても古くなれば味わいのある木になります。これも魅力の一つです。

本書は、庭や畑、あるいは鉢でウメを育てる場合の参考になるように書いてあります。なかでも、筆者が得意とする剪定（摘心を含む）、受粉など実をならせること、そしてつぎ木には、特に力を入れたつもりです。参考にしていただければ幸いです。

1年間の生育と作業カレンダー（関東地方以西基準）

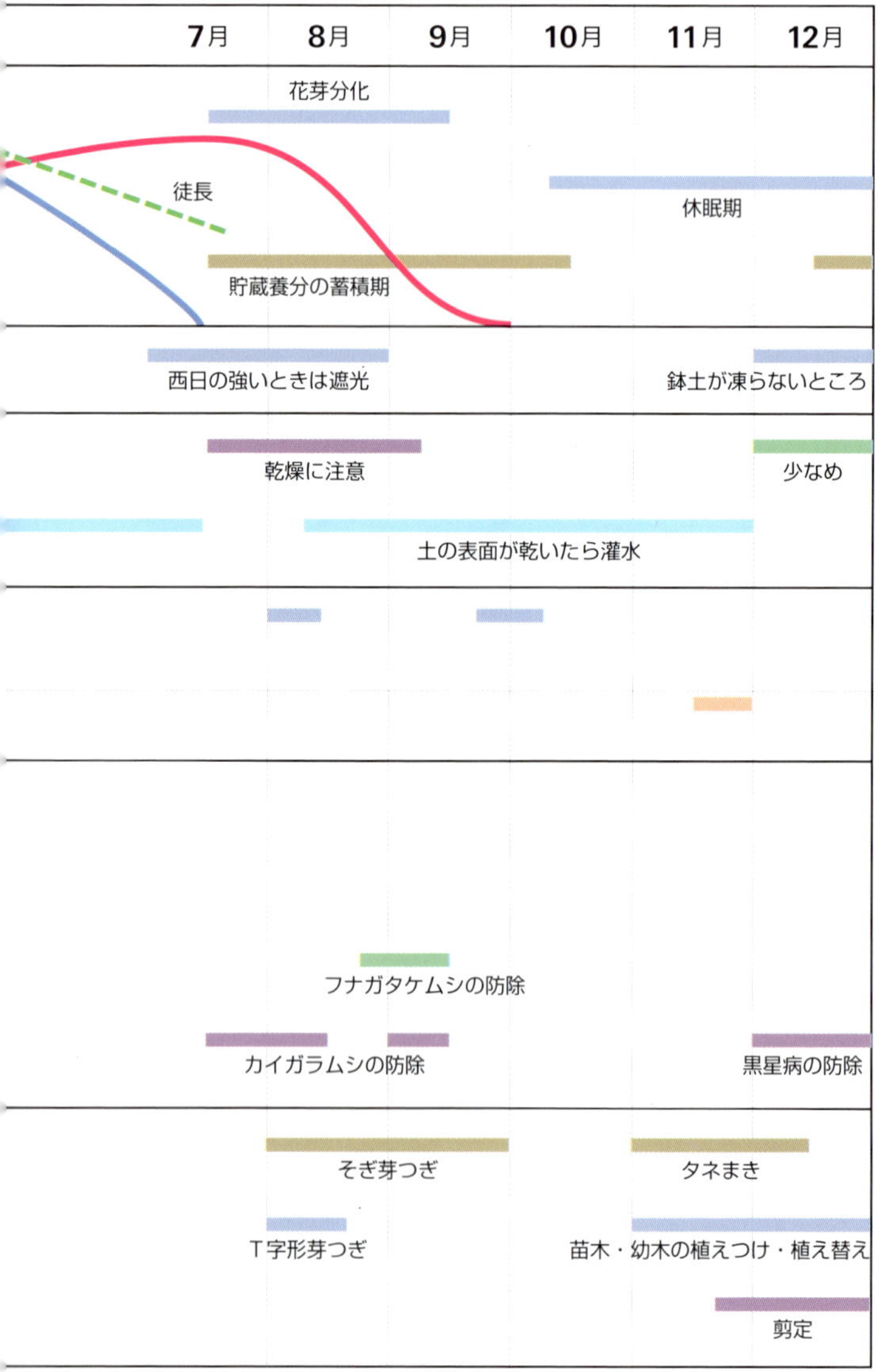

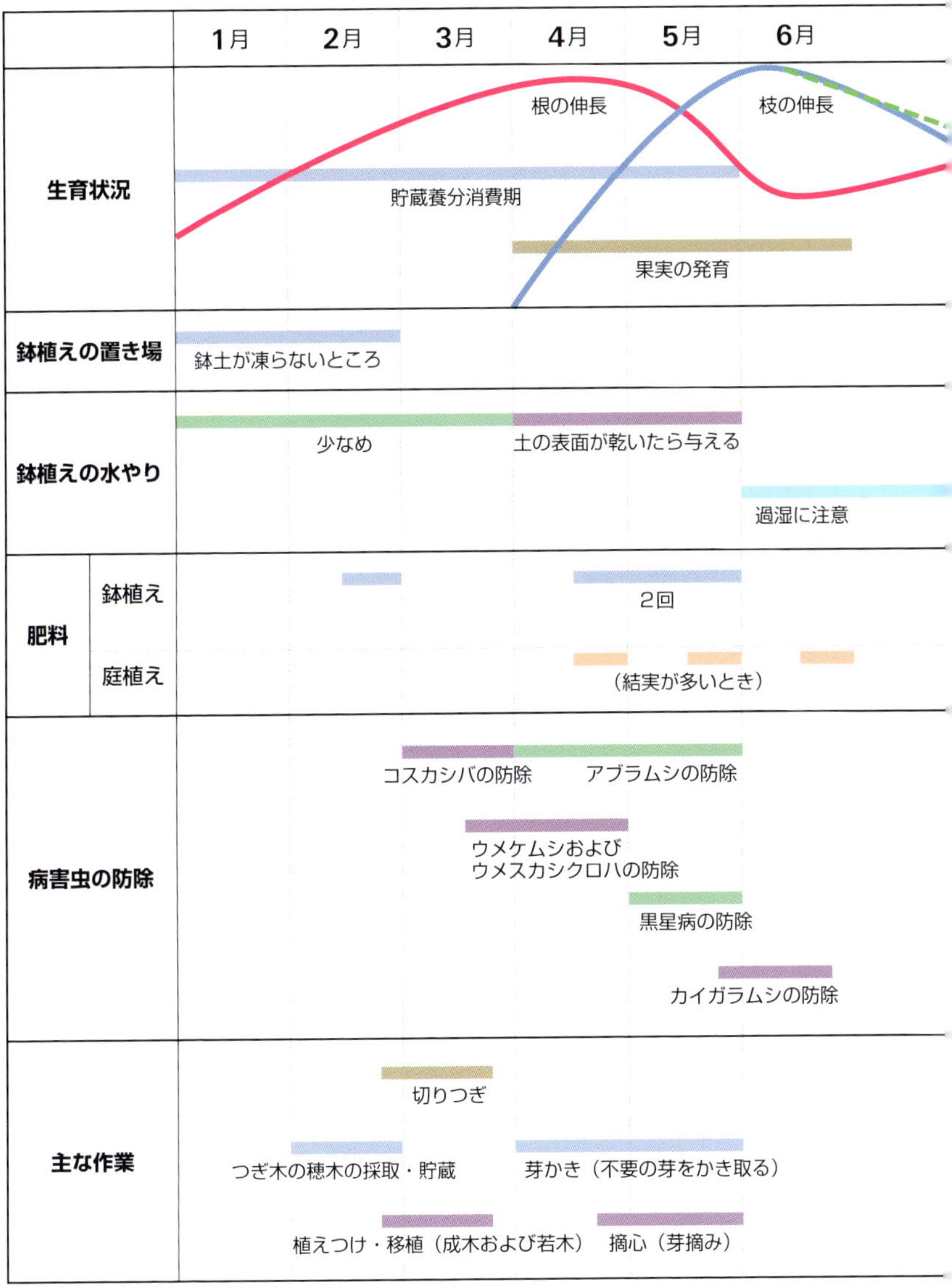
1月
2月
3月
4月
5月
6月
生育状況
根の伸長
枝の伸長
貯蔵養分消費期
果実の発育
鉢植えの置き場
鉢土が凍らないところ
鉢植えの水やり
少なめ
土の表面が乾いたら与える
過湿に注意
肥料
鉢植え
2回
庭植え
（結実が多いとき）
病害虫の防除
コスカシバの防除
アブラムシの防除
ウメケムシおよび
ウメスカシクロハの防除
黒星病の防除
カイガラムシの防除
主な作業
切りつぎ
つぎ木の穂木の採取・貯蔵
芽かき（不要の芽をかき取る）
植えつけ・移植（成木および若木）
摘心（芽摘み）

1月

寒さの厳しい時期ですが、日だまりや室内に取り込んだ鉢植えはもちろん、庭植えでも蕾が大きくふくらんできます。暖冬の年には、早咲きの品種などが1月中旬に満開になることも……。愛梅家にとっては楽しみがいっぱいの季節です。

新春を迎えた早咲きのウメ　'新冬至'

早咲きの花がほころび始めます

ウメの花芽は、開花の遅い品種でも1月には休眠から目覚めます。一方、葉芽はまだ休眠中です。厳寒期であっても、根は12月に続いて伸長しており、養分や水分も吸収しています。健全な花芽を発育させるためにも、水切れには十分に注意しましょう。

庭植えの管理・作業

防寒　特に必要ありませんが、今月新たに苗木を植えつけたり移植した場合は、11月と同様に

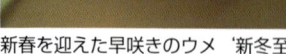

防寒します。

水やり　特別に乾きやすい土壌やよほど雨が降らない場合を除いては不要です。ただし、今回植えつけたものでは、３週間以上雨が降らないようなら灌水します。

肥料　不要です。ただし、11月あるいは12月に施肥を行っていない場合は施します（82ページ参照）。

整枝

●剪定　剪定の必要があるのにまだ行っていない場合は剪定します（95ページ参照）。

植えつけ　苗木や幼木の植えつけには適期です（82ページ参照）。成木に関しては２月中旬から３月上旬まで待ちましょう。

移植　可能ですが、幼木や若木を除いては２月が無難です（15ページ参照）。

鉢植えの管理・作業

置き場　花の咲いたものは観賞する場所に移してもよいですが、花がまだ咲かないものは、12月に引き続き、寒風が当たらず、鉢土が凍らないような場所に置きます（92ページ参照）。また、花の終わったものは、元の場所に戻します。

防寒　寒風にさらされると寒害を受けますので、小さな鉢や盆栽の浅い鉢ほど注意します。鉢内

T.Otsubo

正月風の寄せ植え

が凍らないように注意します。しかし、花が終わったものは、室内などに置かず、暖かい軒下やフレームなど凍らない程度のところへ置きます。暖かいところにあったものは、耐寒性が弱くなっているからです。

水やり　鉢土の表面がほぼ乾いているか、いくらか湿った部分もあるという状態になったときに灌水するのが理想的です。時間帯は午前中がよく、凍ってさえいなければ早めに行います。1回の灌水量を少なめにし、夕方まで過剰の水分が残らないようにします。もちろん、暖かい室内に置いて、花を観賞中のものは、鉢の底から抜けるだけたっぷりと与えないと、鉢底の土が乾くことがあるので注意します。

花がら

肥料　施しません。

整枝　行いません。

植え替え　行いません。

花がらの除去　花を観賞中、しぼんだ花や古くなった花は見苦しいし、木の栄養の消耗も多くなるので取り除きます。もちろん、果実をつけたい場合は別です。

繁殖

タネから育てる苗

●前年11月にタネをまいたもの　12月に引き続き、まいたタネが乾燥しないよう注意します。

さし木　3月のつぎ木のために掘り上げた苗も、さらにもう1年肥培する苗も、土壌の乾燥にあたらないよう気をつけます。

病害虫の防除

防除作業は特にありません。

いろいろなウメの繁殖方法

一般樹木の繁殖と同様、つぎ木、実生、さし木、とり木のすべての繁殖法が可能です。

なかでも、つぎ木による方法が最も一般的で、そのための台木を得るのに実生法とさし木が行われます。ただ、盆栽など樹姿を重視するものでは、つぎ木苗はつぎ口が目立つ、腰が高くなりやすいなどの理由で、実生苗やさし木、とり木苗を育てる場合があります。

実生法は、苗木を得るのは容易ですが、花や果実などの諸形質について、親木と同じものを得ることはほとんど不可能です。また開花もほかの方法より遅れますので、品種改良や盆栽などの目的を除いてはつぎ木用の台木として用いられるのが普通です。

さし木は、つぎ木やとり木同様、親木の性質はそのまま苗木に伝わりますが、実生1年目の枝やごく一部の品種を除いては活着はよくありません。しかし、つぎ木より手軽なこともあって愛好家の間では、比較的よく行われている方法です。

また、とり木は可能ですが、能率的な方法ではなく、あまり行われていません。

芽を伸ばし始めたつぎ木苗

鉢に植えつけられた実生苗

結実させるための人工受粉

ウメは1品種だけ植えたのでは結実が悪いので、開花期がほぼ同じで、花粉の多い品種をそばに植えてやる必要があります。それでも、開花期にはまだ花粉を運ぶ昆虫が少なく、活動も活発ではないため、結実は不安定です。

したがって、確実に実をならせるには、人工受粉を行うのがよいでしょう。

受粉の方法

受粉は暖かい晴れた日の午前中を選んで行います。最も簡単な方法は、花粉のある品種の花を、結実させたい花の雌しべに軽く当てる方法（花受粉）です。ただし、この方法は花粉が落ちやすいので、耳かきの綿毛の部分などで、花粉のある品種の花をなでて黄色い花粉を含ませ、それを結実させたい花につけるのが能率的です。この方法なら1つの花から50花くらい受粉できるので、花粉のある品種どうしで50花くらいずつ交互に花をなでれば、両品種とも同時に受粉できます。

花の構造

① 花粉が出ていない
② 花粉が出ている
③ 花粉はもうない

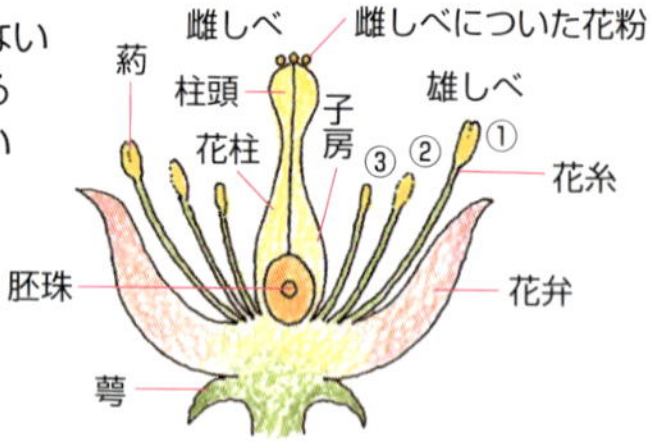
雌しべ
雌しべについた花粉
葯
柱頭
雄しべ
子房
花柱
③
②
①
花糸
胚珠
花弁
萼

羽根ぼうきを使って大量に受粉を行う

小規模の受粉は耳かきの綿毛などがよい

最も簡単な花受粉

耳かきの代わりに羽根ぼうきなどを竹ざおにつければ、高い枝にも受粉ができ、雑ではありますが効率的です。採集しておいた花粉を使うとさらに効率が上がります。この場合、ビニール袋の中でまぶすと、花粉が散りません。

受粉する花

枝は短いほど結実がよいので、長さ20㎝以下の枝についた、雌しべの長い子房のよくふくらんだ花に受粉させます。雌しべのないものや、あっても細いものは不完全花といって結実しません。

受粉は二～三分咲きごろから始め、満開までに数回に分けて行います。なお、雌しべの受精能力は、開花後4～8日間ぐらいで、気温の低いときに咲いたものほど長くもちます。

花粉の採集と貯蔵

大量に受粉するには、前もって花粉を採集しておくとよい。保存できるので早咲きの種の花粉も利用できる。白梅の花粉がよく、紅梅には花粉の質の悪いものが多い

❶ 花粉の多い品種の咲いたばかりの花か、1～2日以内に咲きそうな大きくふくらんだ蕾をとる

❷ 2mm目のふるいに入れて軽くこすりつけると雄しべの葯だけが落ちる。ザルなどを利用してもよい

❸ 浅い箱に紙を敷いて、その上に葯を広げ、15～20℃くらいの室温で半日から1日おけば、葯が開いて花粉が出てくる

❹ 花粉は紙に包んで小分けし、茶筒などに乾燥剤とともに入れ、5℃以下の冷蔵庫にいれておけば1か月はもつ。冷凍庫ならなおよい

❺ 集めておいた花粉を用い、1花ずつていねいに受粉するなら小筆を使う。小分けした包みから、直接筆に花粉をとる

2月

厳しい寒さは続きますが、立春という言葉があるように、平均気温はわずかずつ上昇して、春めいてきます。ウメといえば2月といわれるように、どんな年でも、最も多くの品種が開花する月です。

'月世界' の花。今月は多くの品種が咲き始める

葉芽も目を覚まします

花芽より休眠の破れるのが遅い葉芽も、今月の上旬には目を覚まし、次第にふくらんできます。根も、伸長を続けています。花ウメでは、花が終わったら剪定です。早咲きの品種では、今月の中旬から行えます。

庭植えの管理・作業

防寒　特に必要ありません。

水やり　特別に乾きやすい土壌やよほど雨が降らない場合を除いては不要です。ただし、今シーズン植えつけたものについては、3週間以上雨が降らないようなら灌水します。

肥料　必要ありません。ただし、11月あるいは12月に施肥を行っていない場合は施します（82ページ参照）。

整枝

●剪定　適期ではありませんが、必要があるのにまだ行っていない場合は、早く剪定します。

植えつけ　2月中旬から3月上旬が成木の植えつけの適期です。植えつけたあとの管理は、梅雨ごろまで乾燥に気をつけるほかは、通常の管理に準じます。

　なお、苗木や幼木の植えつけは11月から3月まで可能です（82ページ参照）。

移植　成木の移植の適期です。掘り上げの方法は18ページのとおりです。移植の手順は植えつけに準じます。

根回しの方法

　太い木や貴重な木を安全に移植するには、根回しをして、細根を出させて移植します。ふつう、移植する1年前、大木では2年前の2月から3月に行います。

　植え替えようとする木の周辺に円を描くように溝を掘り、小さい根はハサミで切り、太い根も大きなものを3～4本残してほかは切ります。残した太根3～4本は環状剥皮をします。土を埋め戻すときに、表面の肥えた土に堆肥、化成肥料を少量混ぜておきます。

　掘り上げ、移植の際には、根回しのときに掘った位置よりも外側を掘ります。掘った位置に目印をつけておくとよいでしょう。

●成木の根回し

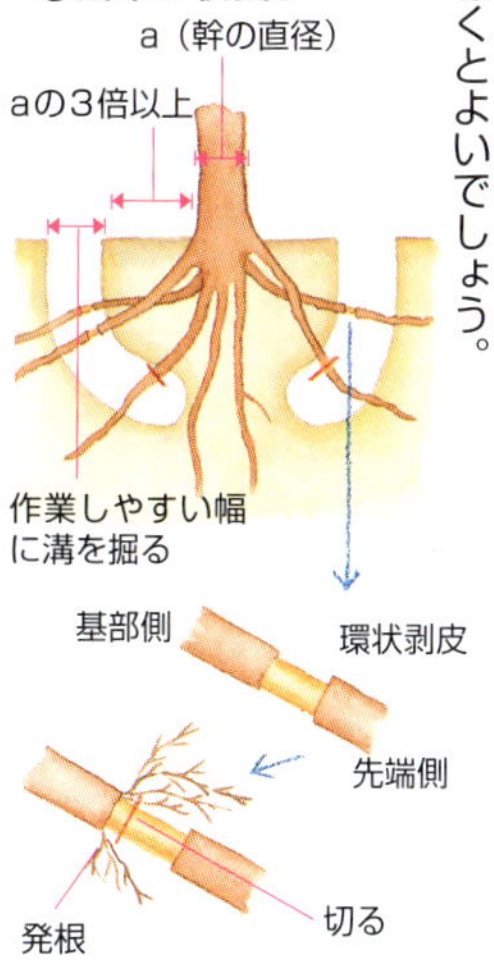
a（幹の直径）
aの3倍以上
作業しやすい幅に溝を掘る
基部側
環状剥皮
先端側
発根
切る

1.植え場所

日当たり、水はけともによい場所が理想的だが、建物沿いなどの明るい日陰でもよい

2.剪定する

植えたい場所に合うように剪定する。この場合、根を強く切ってあるので、地上部も強く剪定できる。必要であれば、思いきって樹形改造する（99ページ参照）

3.植え穴を掘る

大きな穴を掘る。少なくとも植え込む木の根鉢の直径（または根の広がり）より大きめの穴を掘る

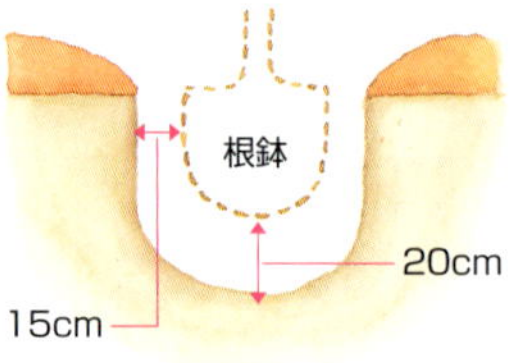
根鉢
20cm
15cm

根鉢の底部から20cmぐらい深めに掘る

4.穴に土を戻す

植えたときちょうどよい高さになるように見当をつけて、穴に土を戻す。このとき、穴の底に化成肥料（N-P-K＝各8～10程度のもの）を50～100gくらいと、鶏ふんまたはピートモス、腐葉土などを少々混ぜたものを入れる

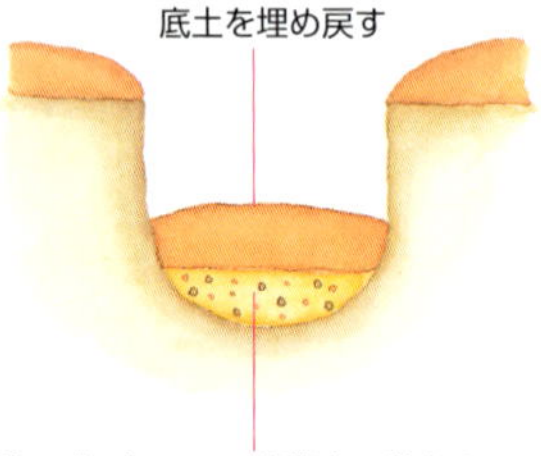
底土を埋め戻す

堆肥、ピートモス、腐葉土、鶏ふんのいずれかに化成肥料を50～100gばらまく。根鉢と同じくらいの深さまで土を埋め戻して踏む

5.木を据える

木を置いてみて、根際が地表より少し高くなるように、先に入れた土の量を調節しながら、その場所に合った向きを決める

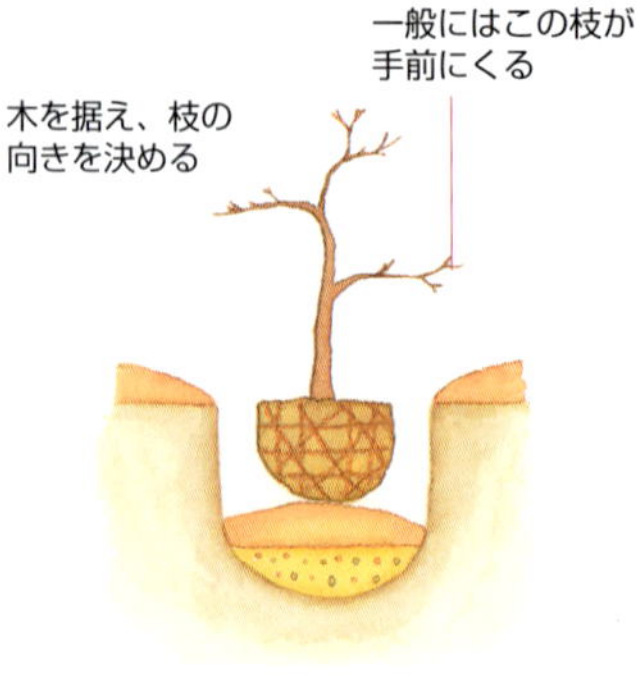
一般にはこの枝が手前にくる
木を据え、枝の向きを決める

※根鉢をつけない場合

下図のように根に合わせて穴を掘る。
あとは根鉢をつけた場合に準じる

1.ほとんどの根が入るくらいの穴を掘る

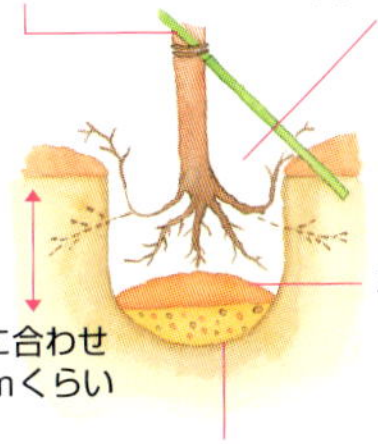
仮の支柱を立てて行うとよい
2.木を据え、枝の向きを決める
土
直根に合わせ30cmくらい
施肥
（根鉢をつける場合と同様に）

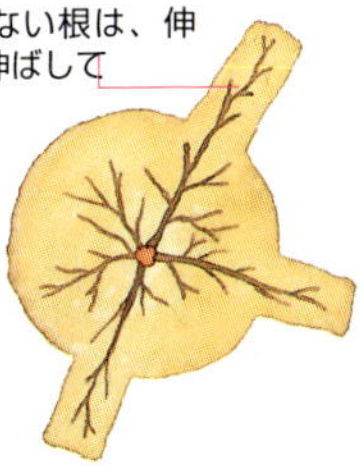
入りきらない根は、伸長方向に伸ばして穴を掘る

3.特に根を長く掘り取った場合、何本かの長い根はあとで穴を掘る

6.土を戻す

根と土が密着するように、水を注いで
棒で突きながら根元まで土を入れる

水が流れないように少し高くしておく

7.支柱を立て、水をやる

植え終わったら、木の大きさに合った
支柱を立て、たっぷりと水をやる

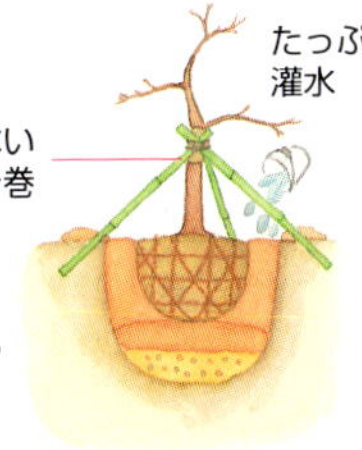
たっぷり灌水
幹に傷をつけないよう杉皮などを巻いておく
土がへこんだら土を補う

大木では乾燥および日焼け防止のため、
幹や太い枝にわらやムシロ、新聞紙な
どを四～五重に巻く

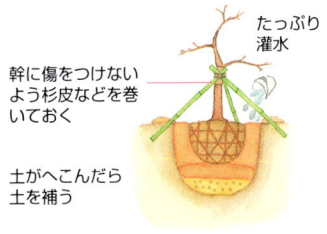

鉢植えの管理・作業

置き場　観賞しないものは、引き続き12月と同じ場所に置き、花が咲いた鉢は観賞する場所に移します。花が終わったら元の場所に戻します（92ページ参照）。

防寒　12月に準じます（93ページ参照）。

水やり　鉢土の表面がほぼ乾いているか、いくらか湿った部分もあるという状態になったときに灌水するのが理想的です。時間帯は午前中がよく、凍ってさえいなければ早めに行います。1回の灌水量を少なめにし、夕方まで過剰な水分が残らないようにします。もちろん、暖かい室内に置いて、花を観賞中のものは、鉢底から抜けるぐらいたっぷりと与えないと、鉢底の土

掘り上げ、移植

●根鉢をつけない場合

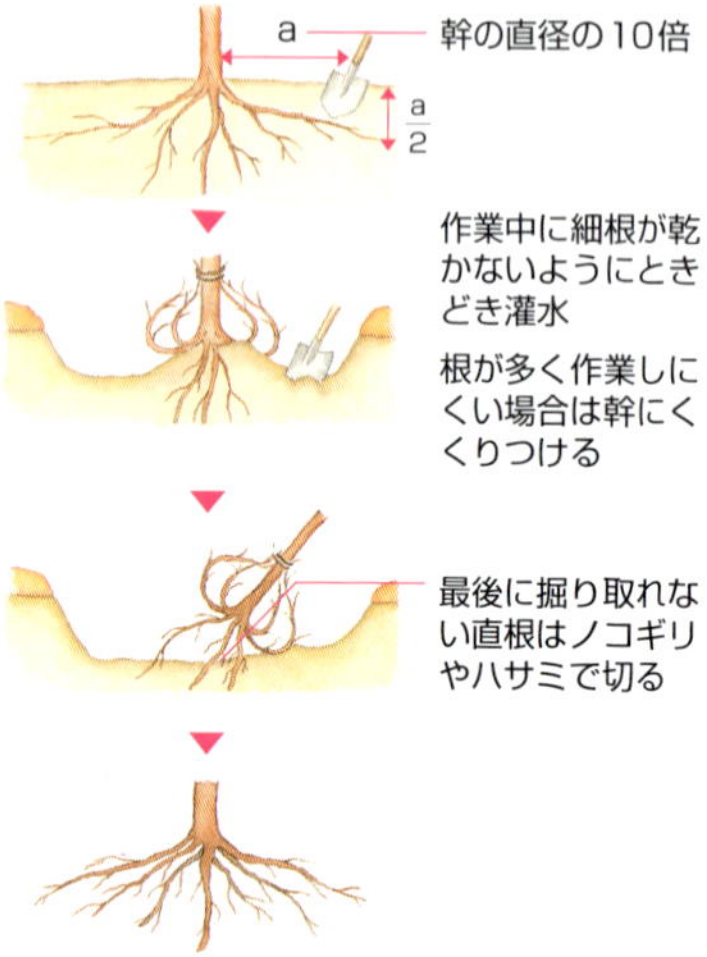
a
幹の直径の10倍
a/2
作業中に細根が乾かないようにときどき灌水
根が多く作業しにくい場合は幹にくくりつける
最後に掘り取れない直根はノコギリやハサミで切る

●根鉢をつける場合

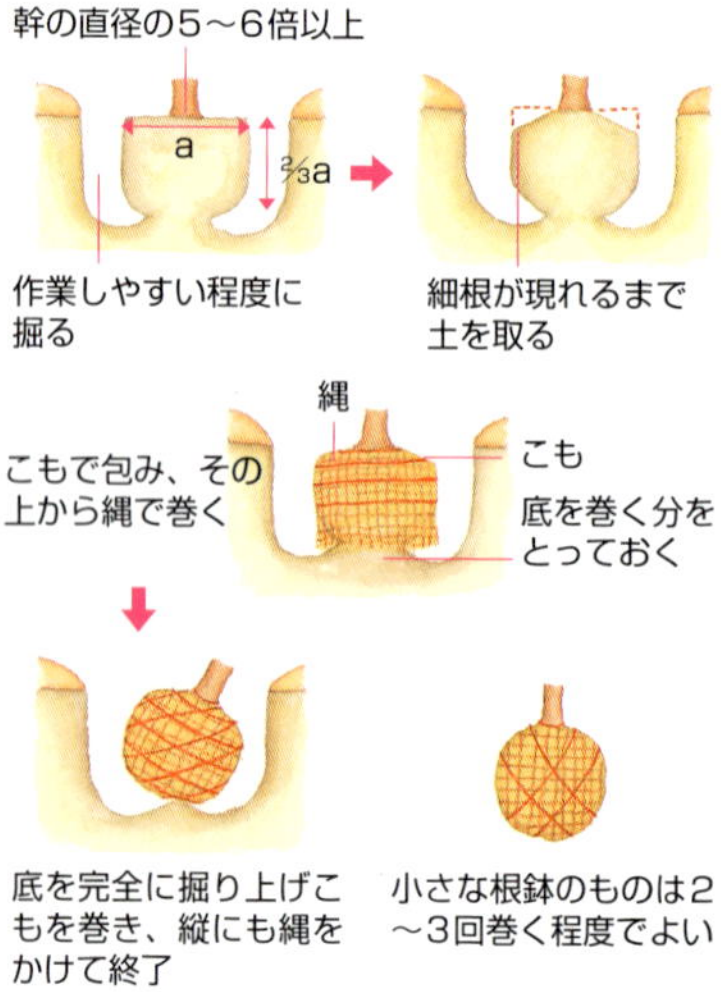
幹の直径の5〜6倍以上
a
⅔a
作業しやすい程度に掘る
細根が現れるまで土を取る
縄
こもで包み、その上から縄で巻く
こも
底を巻く分をとっておく
底を完全に掘り上げこもを巻き、縦にも縄をかけて終了
小さな根鉢のものは2〜3回巻く程度でよい

が乾くことがあるので注意します。

肥料　今春、植え替えをしないものについては、剪定が終わりしだい、置き肥をします。

整枝

●剪定　花後に行います。なお、3月に

置き肥の方法

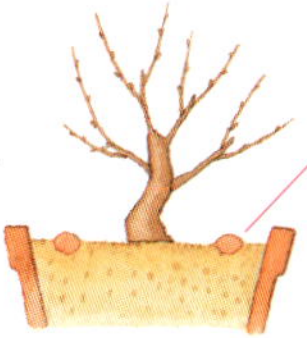

施肥した肥料が表面あちこちに散らばらないように、小さな穴をあけて施肥するか、玉肥をつくっておくと便利

※玉肥のつくり方
油かすに骨粉20%を混ぜ、水を加えてよく練り、梅干し大の玉をつくり、日陰で徐々に乾かす。冬につくっておくとハエなどが発生しないのでよい

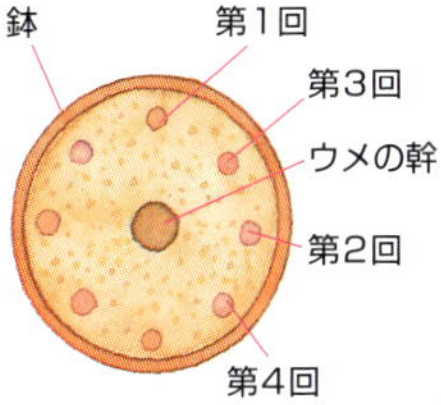

盆栽などで土の表面を汚したくない場合は、塩化ビニールのパイプの切れ端などを軽く土に差し込み、その中に施すとよい

鉢植えの施肥の目安（年間）

施肥時期	回数	備考
2月中旬～3月下旬	1回	今春植え替えをしない場合は早めに、植え替えを行う場合は植え替えの10日後
4月中旬～5月下旬	3回	この時期に肥料をしっかり効かせることが大切
7月上旬	（1回）	原則として施さない。この時期の施肥は枝の二度伸びにつながりやすい。しかし、花芽の分化期でもあり、肥料が不足すると花つきが悪くなるので、葉の緑が目立って薄ければ施す。砂質用土では必要
8月上旬	（1回）	
9月下旬～10月上旬	1回	二度伸びの心配はないので施す。花芽の発育に役立つ

●肥料は油かすに骨粉を20%（重量比）程度混ぜたものを用いる。原則として化学肥料は用いないほうが安全。

●1回の施肥量は6号鉢で茶さじに軽く2杯（軽く1杯で約2.5g）。これより鉢が1号大きくなる（直径にして約3cm増）ごとに、1杯ずつふやす。7号で3杯、8号で4杯となる。

●前述の目安は、用土として赤玉土と腐葉土を用いた場合。用土のほか木の大きさなどによって異なる。

●幼木の場合も、用いている鉢の大きさを目安に、成木に準じて施す。

植え替えを行う場合は、作業のときに枝を損なうおそれもあるので、植え替えたあとで剪定します（21ページ参照）。

①将来の樹形を考える　剪定にあたっては、今ある枝の状態をよく見て、将来の樹形を考え、主要枝の芽の伸びる方向を決めます。

②不要枝を除く　枯れ枝、交差枝、強すぎて樹形を乱す枝など不要な枝をまず除きます。

③残した枝の切り返し　主要枝の拡張部分、幼木の場合などにおける例外はありますが、葉芽を1～3芽残して切るのが原則です。細い枝なら1芽、太い枝は2～3芽を残して切り返します。特に強い枝の場合は、芽を多く残して切り返しておき、上部の芽がよく伸びたころに切りたい位置まで再び切り返すようにすれば、枝を落ち着かせるのが楽です。

※切り返しの注意点　切り返しの際は、一般に外芽（外側を向いている芽）を残すように切ります。枝垂れの場合は、上向きの外芽を残すようにすると枝ぶりがよくなります。

なお、細い枝には、節はあっても葉芽がないことがあるので注意します。また、枝を伸ばしたい方向に葉芽がないときは、芽を多めに残しておくこともあります。

整枝にあたっては、木の上部が強くなりやすく、下部の枝張りが貧弱になることが多いので、上部を強く切り、枝を少なくするように心がけることも大切です。

植え替え　行いません。

花がらの除去　果実をつけたい場合を除いて、しぼんだ花は取り除きます。

鉢植えの剪定

外芽をなるべく残すようにするのがポイント

外芽

❶

枝ぶりを見て、不要なものをつけ根から取り去る

❷

それなりに整ってきたが、まだ長い枝が残っている状態

❸

残したい枝は葉芽を１～３芽残して切り詰める

仕立て方の一例

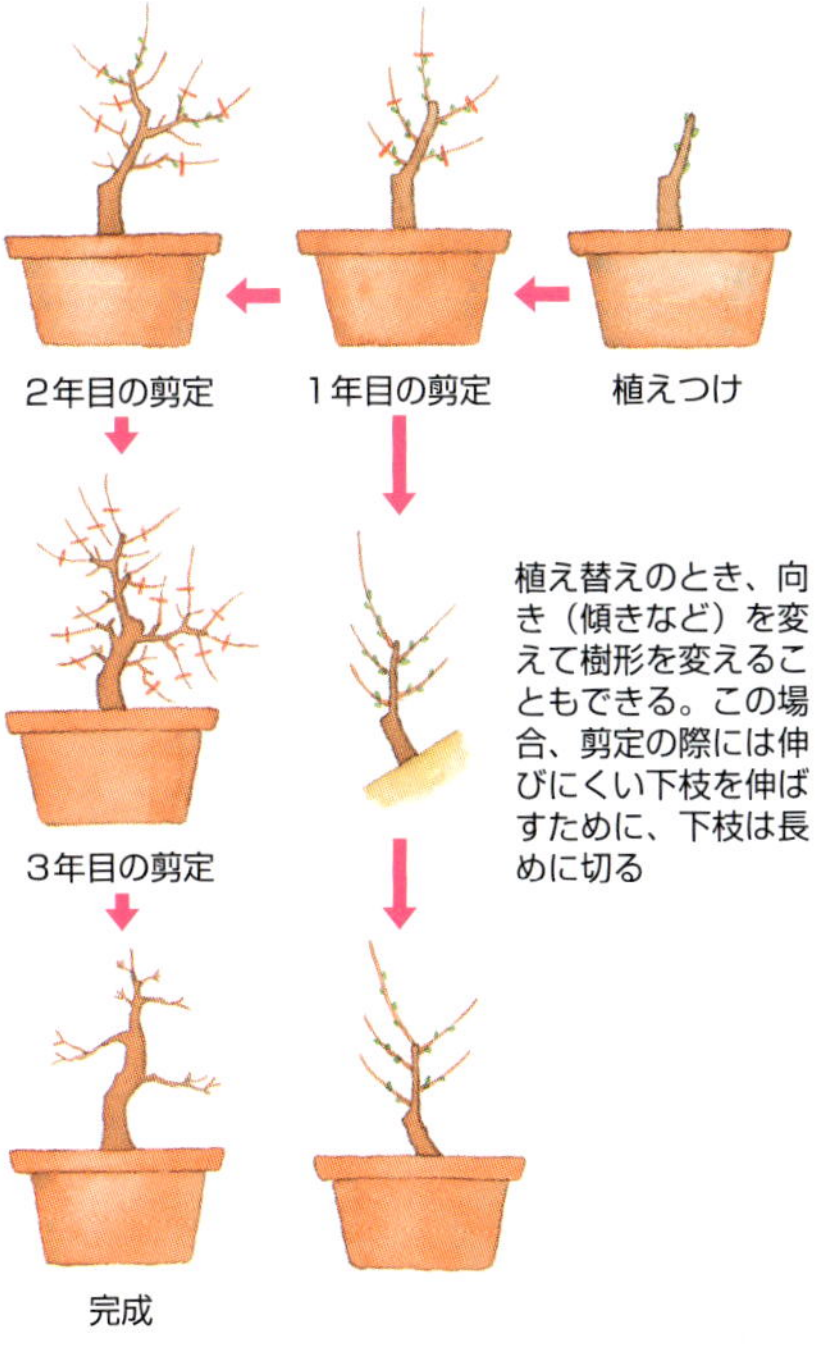
植えつけ
１年目の剪定
２年目の剪定
３年目の剪定
完成
植え替えのとき、向き（傾きなど）を変えて樹形を変えることもできる。この場合、剪定の際には伸びにくい下枝を伸ばすために、下枝は長めに切る

繁殖

タネから育てる苗

●前年11月にまいたもの　乾燥に気をつけ、あまり乾くようなら暖かい日に灌水します。

●2年前の11月にまいたもの　苗を掘り上げて仮植えしていないものは、至急行います（86ページ参照）。

　仮植え後は、乾燥に気をつけます。

つぎ木

●昨秋芽つぎしたもの　下旬ごろにビニールテープを外し、活着しているものは、ついだ部分の2～3㎝上で台木を切ります。活着していないものは3月に、それを台木にして切りつぎ（32ページ参照）をします。

●昨秋腹つぎしたもの　結束しているビニールを取り除きます。また、台木のついだ位置から上部を切り去る必要がある場合は、この時期に切ります。芽つぎと同様に長めに切っておき、新芽が伸びたころに切り直します。

さし木

●さし木苗の管理　12月に準じます（94ページ参照）。今年1年肥培するものには施肥を行います。N-P-K＝各8～10程度の化成肥料を面積1㎡につき50gくらいばらまき、表面5㎝ぐらいを軽く耕します。鉢の場合は6号鉢で、油

芽つぎした台木の切断

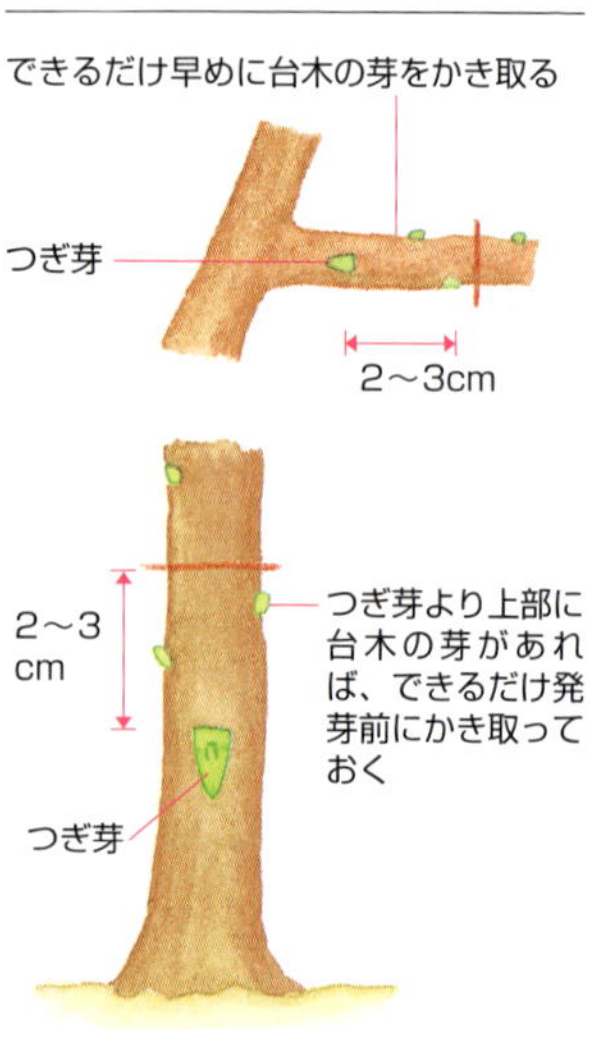
できるだけ早めに台木の芽をかき取る
つぎ芽
2～3cm
2～3
cm
つぎ芽より上部に台木の芽があれば、できるだけ発芽前にかき取っておく
つぎ芽

かすを茶さじ2〜3杯ぐらい置き肥します。

●休眠枝ざしの穂木の準備　上旬、遅くとも中旬までに穂木を採取、さし穂を調整して貯蔵しておきます。このさし穂は、3月中旬から下旬にさします（35ページ参照）。

①さし穂の採取　さし穂は芽が動かないうちに採取しておくことが大切です。また、さし木して活着しやすい品種とそうでない品種があり、野梅系のもの、特に難波性の‘白難波’などの前年枝はよく活着します。また実生1〜2年生の枝であれば、比較的よくつきます。したがって、実生台木のつぎ木で生じる捨て枝が、よく利用されます。

さし穂には、これらの枝のうち鉛筆の太さ以上のできるだけ太い枝を用います。台木を養成する場合、細い枝では翌年にはつぎ木はできません。

休眠枝ざしの穂木の準備

さし木の穂木には、まだ芽の動いていない、鉛筆以上の太さのものを選ぶ

さし穂の先端を左図のように切り返して調整する

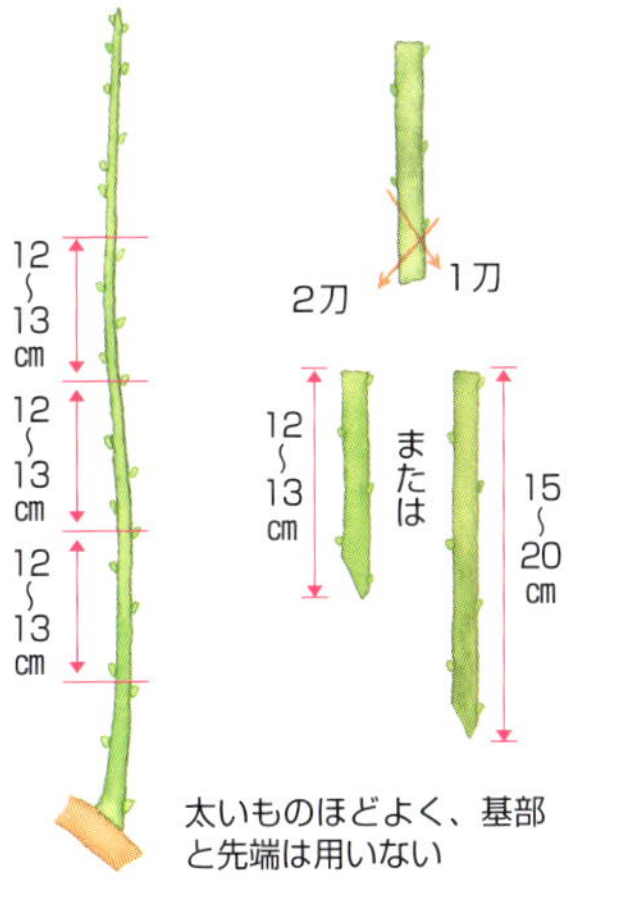

さし穂はビニール袋に入れて貯蔵する

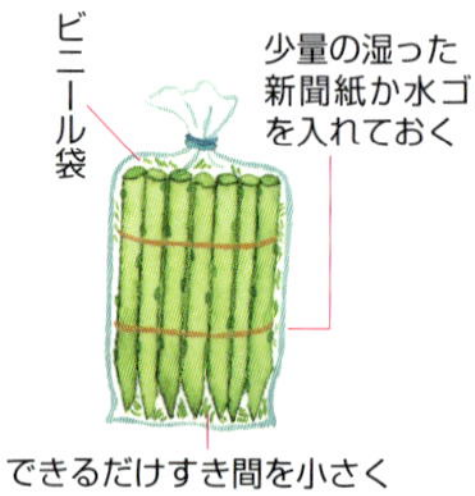
ビニール袋
少量の湿った新聞紙か水ゴケを入れておく
できるだけすき間を小さく

②さし穂の調整　採取した枝は、充実した部分を15～20㎝くらい（鉢や箱にさす場合は12～13㎝）に切り、さし穂の先端をよく切れるナイフで切り返します。

　切ったさし穂は、さし木をする時期（35ページ参照）まで日陰の水はけのよい場所に埋めておくか、少量の湿った水ゴケとともにビニール袋に入れて密閉し、5℃以下の冷蔵庫に入れておきます。少量の場合は、冷蔵庫が最も好都合です。貯蔵に際しては、さし穂の乾燥を心配するあまり、ややもすると過湿にしやすいので注意します。

※少数の場合　なお、さす数が少数なら、この時期にさすこともできます（35ページ参照）。

　さしたあとは、十分に水を与え、鉢の下から透明のビニール袋をはかせ、さした枝に直接触れないように上を縛ります。あとは、水やりの必要はありません。そのまま物置の中など、凍らない程度に寒さを避けたところに置きます。

　鉢が凍らない時期になったら屋外に出します。芽が少し伸び始めるまではそのままにしておき、新芽が伸びてきたら、適度に日よけをします。直射日光が当たらない明るい木陰などに置くのがよいでしょう。その後の管理は、休眠枝ざしに準じます（35ページ参照）。

病害虫の防除

　防除作業は特にありません。

3月

いちだんと春らしくなってきます。豊後系など開花の遅い品種でも、平年で中旬、遅い年でも下旬には開花し、長かったウメの開花期も終盤を迎えます。

T. Otsubo

満開に咲き誇る梅園のウメ

いろいろな作業の適期です

枯れた花弁に包まれたまま、ほとんど肥大しなかった果実も、下旬には枯れた花の間から顔を出し、肥大し始めます。一方、厳寒期でさえ伸長を続けた根も、新芽が伸び始めるころには伸長が緩慢になってきます。植えつけ、植え替えの適期ですが、寒冷地では、雪解けまで待って作業を行うようにしましょう。

また、今月は、春のつぎ木やさし木などの作業の適期です。

庭植えの管理・作業

防寒　必要ありません。幼木を植えつけるときに行った、新聞紙の被覆などの防寒は除きます。

水やり　不要です。

肥料　施しません。

整枝

●剪定　花ウメの剪定は、開花前より花後のほうがベターです。高枝切りバサミを使うことも多いので、時期としては、花がらが落ちて葉芽がよくふくらみ、離れた位置からでもはっきりそれとわかる時期に行うのがよいでしょう（95ページ参照）。

庭植えのウメの花がら。葉芽もふくらんでいる

植えつけ　移植苗木や幼木の植えつけをするなら急ぎます（82ページ参照）。

成木の植えつけは上旬までに行いますが、下旬でも可能です（16ページ参照）。

掘り上げ、移植　2月に引き続き、成木の移植の適期です。（18ページ参照）。

鉢植えの管理・作業

置き場　寒さを避けた場所に置いてあった鉢も、芽が出始めれば日当たりのよい場所に移し、適当な間隔に並べます。

防寒　特に小鉢では、上旬ごろまでは必要ですが、以降は必要ありません。

水やり　鉢土の表面がほぼ乾いているか、いくらか湿った部分もあるという状態になったときに灌水します。しかし、気温も少しずつ上昇してくるので、灌水の回数はいくらか多くなってきます。時間帯は午前中がよく、1回の灌水量を少なめにし、夕方まで過剰の水分が残らないようにします。

暖かい室内に置いて、花を観賞中のものは、鉢底から抜けるぐらいたっぷりと与えないと、鉢底の土が乾くことがあるので注意します。

肥料　植え替え後10日ぐらいたってから置き肥をします。植え替えていない鉢で、2月に施さなかったものにも施します。

整枝

●剪定　行っていないものは、花が終わりしだいすぐに行います（19ページ参照）。

植えつけ

●苗の植えつけ　鉢土が凍らなくなったら、幼木の植えつけを行います。関東地方では3月の上旬から中旬に行うことになります。

①用土と鉢を準備する　鉢は径18cm（6号鉢）程度のものがよいでしょう。

植えつけ方

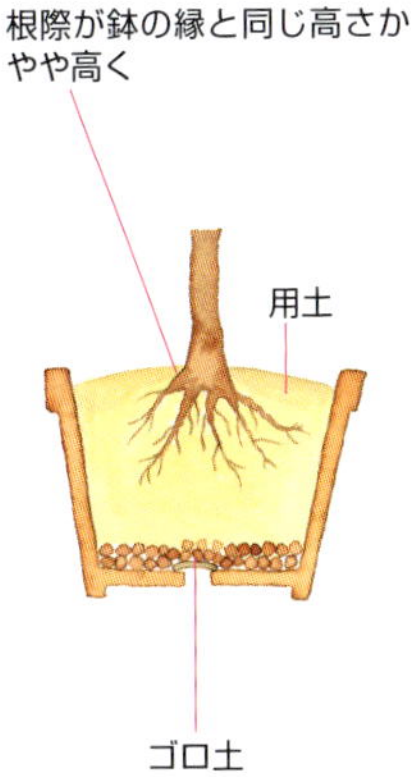
根際が鉢の縁と同じ高さかやや高く
用土
ゴロ土

根の切り方

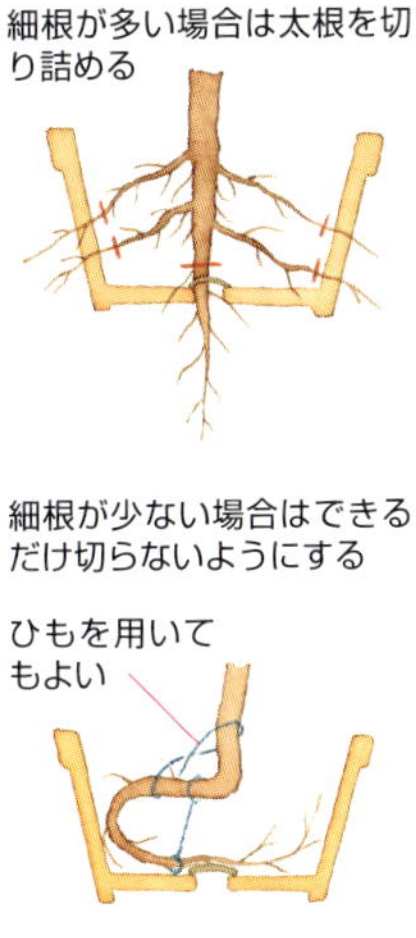
細根が多い場合は太根を切り詰める
細根が少ない場合はできるだけ切らないようにする
ひもを用いてもよい

鉢植えの苗の切り方

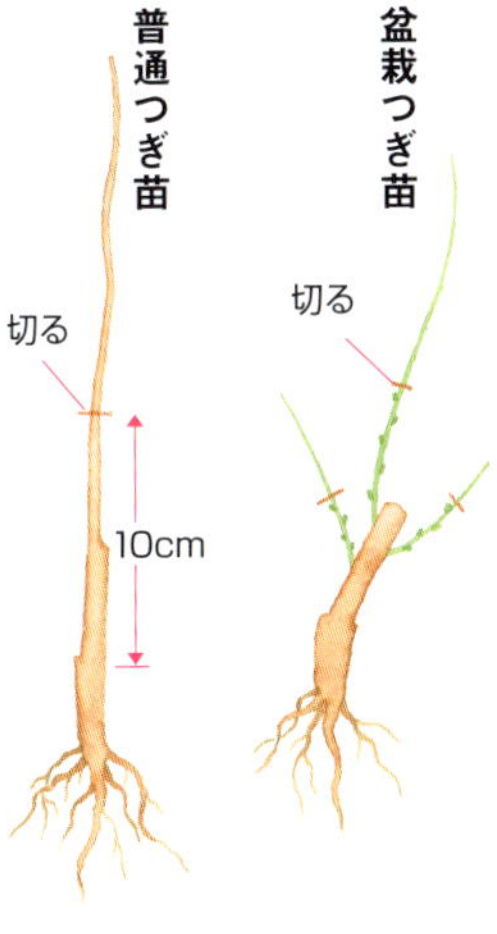
普通つぎ苗
切る
10cm
盆栽つぎ苗
切る

②植えつけ方　つぎ木1年生の苗は、根が包んであればそれをほどき、つぎ木部分のビニールを取り除きます。地上部の切り詰めは、仕立てる目標によって異なりますが、一般には10㎝ぐらいに切ります。盆栽つぎ（36ページ参照）を行った苗では、各枝とも4～5芽残して切ります。

　根も直根を中心に長いものはいくらか切り返します。その場合、細い根が少なければ根の切り返しは控え、翌年の植え替えのときに思いきって切ります。

　鉢穴を鉢片でふさぎ、ゴロ土を鉢の深さの1/4まで入れ、根際が鉢縁の高さかまたはやや高めになるように用土を入れ、根を四方に広げておき、周囲から用土を入れて植え、表土をならしてたっぷり灌水します。

　なお、切り込んで2～3年間鉢で育てた苗の

苗の鉢への植えつけ

❶

苗木の根の包みをほどき、つぎ木部分のビニールがついていればそれも取り去る

❷

地上部を10㎝ほどに切り詰める。芽の方向に注意する

❸

長い根を切り返す

❹

根際がやや高めになるように用土を入れ、根を四方に広げる

❺

周囲から用土を入れて植え、たっぷりと灌水する

場合は、次項の植え替えに準じます。

植え替え　ときどき根を切って植え替えないと、根が鉢内に詰まり、通気と水はけが悪くなり、生育が衰えてきます。したがって、植え替えは鉢を大きなものに替えるのが目的ではなく、鉢内の水はけ、通気をよくするための重要な作業です。

ふつう、2年に1回ぐらい行うのが標準ですが、生育のよいものや仕立て中の幼木では毎年、古木では3年に1回ぐらい行います。また、鉢の大きさによっても違い、木の大きさのわりに小さな鉢に植えてある場合は毎年行います。いずれにしても、灌水のときの吸水の具合、樹勢などによって判断します。

●鉢の植え替え

①根鉢を外す　根鉢を鉢から外し、棒などを使って土をほぐして落とします。底部から始め、太い根の根際近くまで落とします。次いで周囲から、古木では鉢の内径の1/3程度、若木では1/2程度の土を落とします。そして残った部分も表土をわずかに落とし、さらにところどころに棒を差し込んで小さな穴をあけ、水の通りをよくします。最終的には全体の2/3以上の土を落とすことになります。

②根の整理　露出した根（鉢の内径の外側1/3程度）を切ります。根元の太い根は強く切り、根元の細い根はできるだけ多く残します。枯れた根や腐った根は切り取ります。

植え替えるまでに時間がかかるときには、根が乾かないようにビニールなどで覆っておきます。

③鉢に土を入れる　新しい鉢を使うか、古い鉢をよく洗って、できれば蒸気消毒などを行って用いれば申し分ありません。鉢穴を鉢片や網で

ふさぎ、ゴロ土を鉢の深さの1/4ぐらい入れます。その上に用土を入れ、苗を据えてみます。底土の高さは根際が鉢の縁の高さか、それよりもやや高くなる程度が目安です。

④植え込む　木の向き、鉢との調和などを考えて位置を決め、周囲から用土を入れます。大きめの苗や、浅鉢などで苗がぐらつくような場合は、あらかじめ鉢穴から針金を差し込んでおいて固定します。植え終わったら軽く用土を押さえ、表面をならしておきます。

盆栽仕立てのものは、鉢土の表面に起伏をつけたり、根を露出させたりして格好をつけます。また、表面に化粧土を置いてもよいでしょう。植え終わったら、たっぷり灌水します。

植え替え後は、剪定を行い、元の置き場に戻します（19ページ参照）。

10日ぐらいたったら置き肥をします（19ページ参照）。

●根の整理

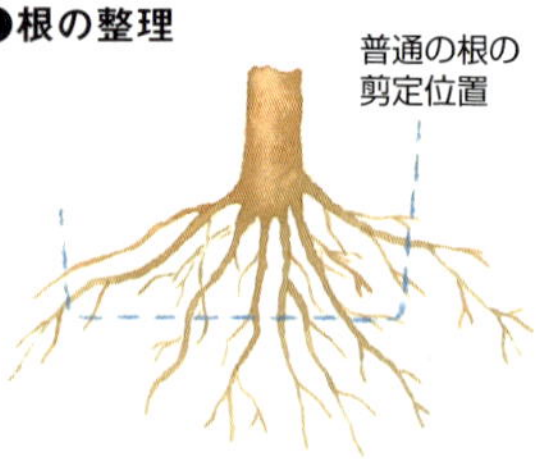
普通の根の
剪定位置

特に太根は深く切る。全部同じ位置で切ると、切ったところからより強い根が出てしまう

●針金で固定する

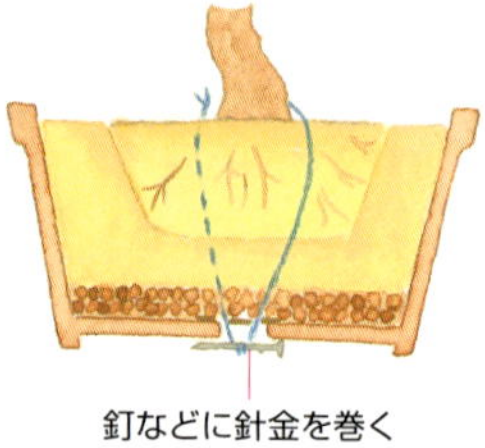
釘などに針金を巻く

●鉢への据え方

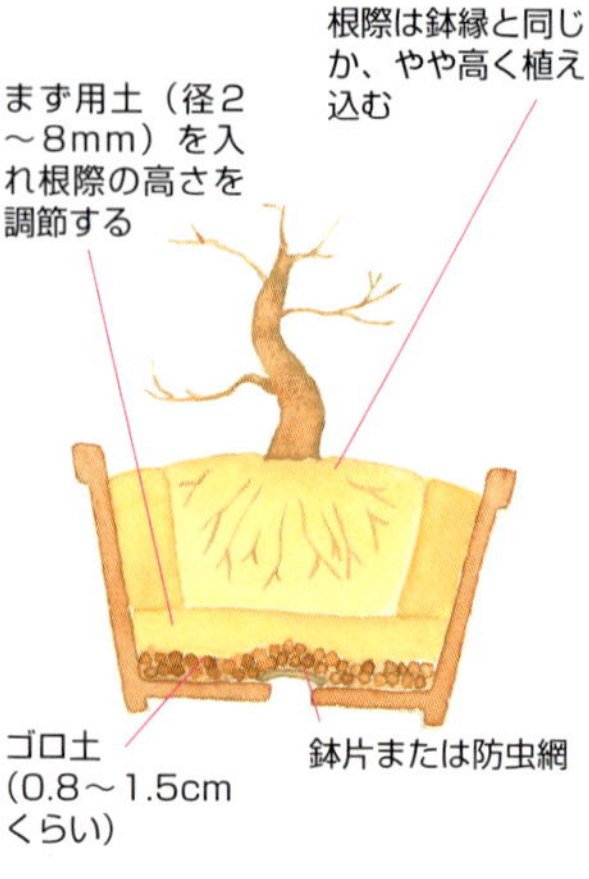
根際は鉢縁と同じか、やや高く植え込む
まず用土（径2～8mm）を入れ根際の高さを調節する
ゴロ土（0.8～1.5cmくらい）
鉢片または防虫網

花がらの除去　まだ花の終わっていないものは行います。

繁殖

タネから育てる苗

●前年11月にまいたもの　乾燥しがちなときは灌水します。発芽してくる時期です。芽が出てきたら床や鉢のわらや落ち葉などを取り除きます。

　今月下旬には移植を行います。3月に入ったら、植えつけ予定場所に、1㎡当たり化成肥料（N-P-K＝各8～10％）を200gぐらいに、腐

鉢の植え替え

花が終わった鉢

水はけのよい用土と新しい鉢を用意する

鉢を軽くたたくなどして鉢から抜く。根が詰まっている

棒などを使って根鉢をくずす

長く伸びた根は、根鉢の外側⅓で切る

根際をやや高めに据える

棒などで突いて根の間に用土をよく入れ込む

植え替え後にはたっぷりと水を与える

熟した堆肥または腐葉土をバケツ1杯程度加え、深さ30cm程度まで掘った土と混ぜながら、何度もよく耕しておきます。

なお、鉢で育てる場合は、小粒赤玉土3、腐葉土1の割合に混合した用土で植えつけます。10号鉢に10本程度植えます。

●2年前の11月にまいたもの　土が乾いたら灌水します。つぎ木の適期ですので、幹の太さが万年筆以上になった苗を台木として用います。

なお、実生苗を鉢植えとして楽しみたい場合は、幼木と同様に植えつけます（82ページ参照）。

つぎ木　台木はウメ（共台）が最もよく、アンズがこれに次ぎます。同じ仲間のモモやスモモについでもよく活着しますが、これらについだ場合、のちに樹勢が衰え、枯死することが多くなります。

●切りつぎ　一般に東京地方では3月上旬から中旬が適期です。

①台木の準備　盆栽用の苗木をつくる場合は、特別に台木を掘り上げてつぐ、いわゆる揚げつぎが行われます。低位置につぐことができ、枝ぶりもわかり、苗の根張りも優れます。

台木は根元から7～8cm（盆栽では枝ぶりにもよるができるだけ低い位置）の高さで切り、縦に2cmぐらい切り下げます。切り込む位置は凹凸のないすんなりとした部分を選ぶことが大切です。凹凸の多い部分を切り込むと、左右2列に現れる形成層がまっすぐ平行に現れません。また、できれば接着面の形成層の幅に合わせて穂木を削ります。

②穂木の調整　多くの樹木では、穂木を貯蔵しておきますが、ウメはつぐ直前に採った穂木でよく活着し、長期間保存したものではかえって

結果がよくありません。もっとも、貯蔵しておけば、遅くまでつぎ木は可能になります。

　穂木としては、比較的長く伸びた枝の先端と基部を除き、中間部を用います。長さはふつう4～5㎝ぐらいに切ります。穂木の長いほうの切り口面の長さは、台木の切り下げより1㎝ほど長い3㎝程度にし、切り返しの部分は、鋭角に削ります。

③つぎ方　台木の切り込みに、調整した穂木をさし込みます。くさび部分にすき間ができないようにさし込むことが大切です。また、台木と穂木の形成層を合わせることにも注意します。次にビニールテープで結束します。テープは下から上に向かって巻き、特に穂木の最下部をしっかり固定することが重要です。

④切り口の保護　切り口の乾燥を防ぐため、少数であれば結束ばかりでなく、穂木も発芽時にテープを破って発芽できる、伸縮性のあるテープで包み込んでおけば完璧です。伸縮性のテープがなければ、全体にビニールをかぶせる、あ

タネから成長した実生苗

切りつぎの台木の準備

❶ 根元を7～8㎝ぐらいに切る

❷ 形成層の位置を確認するため、角をそぎ落とす

❸ ナイフで2㎝ほどの切り込みを入れる

❹ 準備のできた台木

穂木の準備

❶ 穂木の下部を斜めに切る

❷ 反対側からも長く切り込む

❸ でき上がったつぎ穂

切りつぎの手順

❶ 台木に穂木をさし込む

❷ 穂木の削った部分が5㎜以上出るようにする

❸ ビニールテープ（伸縮性のあるものがよい）を巻く

❹ 穂木が動かないように注意しながら全体を覆う

高つぎ法

苗木をつくるときのように、台木を短く切ってつぐ普通のつぎ方に対して、受粉や咲き分け、品種保存などの目的に他品種をついだり、あるいはただ単に枝張りをつくる場合など、苗木の養成以外の目的で、木の高い位置につぐ場合を高つぎといいます。

高つぎといっても、特別なつぎ方があるわけではなく、切りつぎ、または、はぎつぎ、腹つぎ、芽つぎなどのいずれかを、あるいはこれらを組み合わせて行います。

枝のないところに枝をつくる場合は腹つぎ（鉢植えでは呼びつぎも行われる）が普通です。一方、枝の一部あるいは木を1本そっくり他品種に替えたい場合は、太い枝の側面には腹つぎを行い、枝を切除した部分には切りつぎを行うのが一般的ですが、腹つぎだけでも結構です。親指大以下の若枝には、芽つぎも行えます。

初心者は秋に腹つぎや芽つぎを行い、活着したら発芽前に台木を切除するのが無難です。

るいは融点50〜60℃のパラフィンを100℃の湯せんで溶かして、筆で塗る方法もあります。

植え込み　揚げつぎの場合は、鉢または地面に株間10〜15㎝くらいに植え込みます。以降の管理は、通常の庭植え、鉢植えの幼木と同様に行います。

●腹つぎ　適期は春と秋の2回あり、春は3月上旬から4月上旬、秋は9月中旬から10月中旬です。しかし、活着後に台木を切断する予定ならば、秋についだほうが発芽前に切断できるので、つぎ木をしたあとの伸長がよくなります（76ページ参照）。

作業後の管理は切りつぎに準じます。

●昨秋芽つぎ・腹つぎしたもの　早めに台木の芽かきを行います。

さし木

●休眠枝ざし　2月に準備した穂木（23ページ

揚げつぎの場合の植え込み方

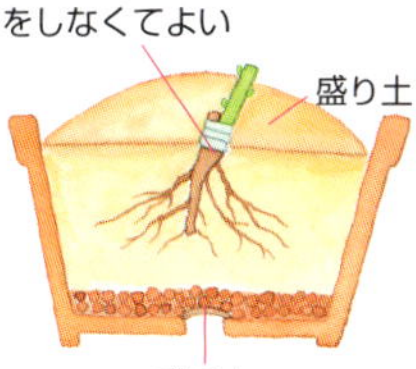
フィルムやパラフィンで保護してある場合は、盛り土をしなくてよい
盛り土
ゴロ土

揚げつぎしたもの

高つぎの例

●枝の一部あるいは木全体を他品種に替える場合
切りつぎ（枝先）
台木が太い場合は数本の穂木をつぐ
腹つぎ（枝の途中）

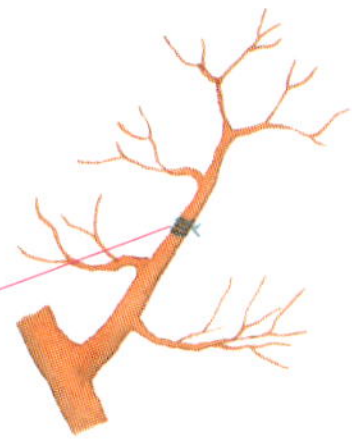
●枝をつくりたい場合
腹つぎ（太い穂木を用いる。ただし、丈夫な枝を切り詰めておかないと伸びにくい）

参照）、鉢、用土を使って、３月中旬から下旬にさし木します。

盆栽つぎの方法

鉢植え（特に盆栽）では、つぎ木部が高いと目立ち、観賞上不都合なので、台木の切除は根元から3～4㎝に、穂木の長さも3～4㎝とし、普通の切りつぎよりも短く切ります。

台木に接着する穂木の削り面の長さも2㎝ぐらいと短く、切り込みの角度も変えて、つぎ木部の組織が極端に盛り上がるのを避けます。

さらに、つぎ木後、台木を寝かせて植え、芽も1芽だけでなく、伸びるだけ伸ばします。

盆栽つぎ

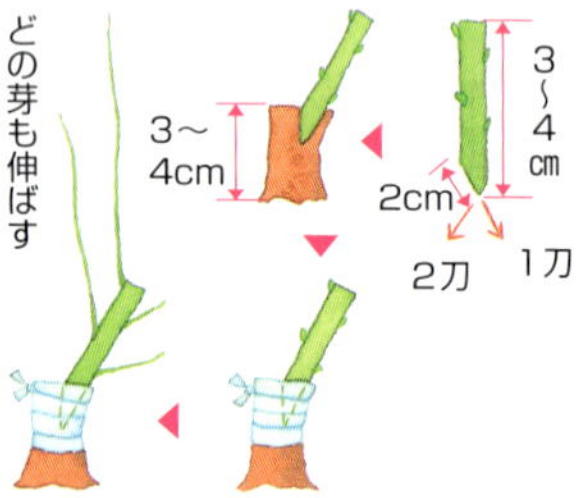

①さし方　まず鉢底に粗めの鹿沼土か赤玉土をゴロ土として鉢の深さの¼まで入れ、用土（123ページ参照）を鉢縁まで入れます。

次に、貯蔵しておいたさし穂を取り出し、数時間水あげしてからさします。用土が乾いている場合にはあらかじめ湿らせてから、さす位置に手ごろな棒で穴をあけ、さし穂の長さの½程度をさし込みます。間隔は７～８㎝ぐらいとります。さし終わったらたっぷり灌水します。

②さし木後の管理　さし木鉢は木もれ日が当たる程度の明るい日陰かよしず下の、風当たりの強くない場所に置きます。ビニールで囲み、湿度を保つようにすれば活着がよくなります。温度の上がりすぎ（25℃以上）はよくありません。

※注意するポイント　さし木後は、なにより乾燥させないように注意しますが、水のやりすぎも逆効果です。水が多いと温度が上がらず、活

着率が落ちます。鉢ざしの場合、鉢土の表面がわずかに乾いたら灌水します。ビニールで覆った場合は、灌水が少なくてすみます。

また、新芽が伸びてくるとアブラムシがつくことがあるので注意します。2か月ぐらいたって根が出始める時期（新芽が4〜5cmになったころ）になったら、液体肥料を月に2回ほど施します。その後、少しずつ日に当てるようにして、慣らしていきます。

活着してもそのままにしておき、庭植えにするものは、11月に植えつけます（82ページ参照）。鉢植えの場合は1年後の3月に植えつけします。仮植えをしておいたさし木苗を掘り起こしてきて、中旬に、幼木の植えつけに準じて植えつけます（27ページ参照）。

台木に用いる場合、太いものは1年後の3月につぎ木ができます（32ページ参照）。

休眠枝ざし。さし穂の長さの½をさし込む

ビニールで囲んで湿度を保つと活着がよくなる

病害虫の防除

コスカシバの捕殺　少し春らしくなってくると、越冬した幼虫が活動を始めます。樹皮の割れ目などに、茶色の小さいふんを出しますので、これを目当てに釘などで、樹皮を少しめくって殺します。（104ページ参照）。

ウメスカシクロハの防除　例年発生が多い場合は、下旬ごろに一度薬を散布します（105ページ参照）。

4月

花はすっかり終わり、暖かい春の陽気とともに新芽が伸びてきます。ことに下旬は、1年のうちで新芽が最もよく伸びる時期です。今まで枝幹が見えていたウメの木も、すっかり新緑に包まれています。

4月初旬、枯れた花の下にのぞき始めた果実

第一次の生理落果が起こります

果実は中旬まで少しずつ肥大します。また、この時期に、実がつきすぎて栄養状態の悪いものや受精のうまくいかなかった果実は落果します。下旬からは、残った果実の肥大が目立ってきます。

また、寒冷地の場合、積雪のためできなかった作業は、雪解け後できるだけ早く行います。

庭植えの管理・作業

水やり　ほとんど不要ですが、移植したばかりのものでは、新芽が伸びてくると、根元が乾くことがあるので、注意します。

肥料　果実の肥大の目的で、下旬に追肥をすることがあります。もっともこれは、実がたくさんなっていて、そのために枝の伸長も弱いような場合に限ります。毎年、徒長枝がたくさん伸びているような木では、二度伸びすることになるので避けます。

幼木を早く大きくするためには、月に1～2回は施肥します。施肥量は土壌などによって違いますが、だいたいの目安は、82ページの表を参照してください。

肥料は施肥面積内にできるだけ均一にまき、深さ10cmくらいに軽く中耕します。ほかの植物などがあって中耕できない場合は、そのままでもかまいません。

整枝

●剪定　花後に行うつもりでまだ終わっていない場合は、上旬くらいまでは可能です。新芽が、長いもので約4～5cm伸びた程度までを目安とします。

●芽かき　太い幹などから直接出ている芽で、そのままにしておくと強い徒長枝になると予想される不要な芽は、早めにかき取るようにします。

しかし、例年徒長枝がたくさん出る樹勢の強すぎる木では、養分をはき出させる意味で、強い新芽が40～50cmくらいに伸びる5月中旬ごろがよいでしょう。

このころになると、強い芽と弱い芽がはっきりとわかります。

胴吹きした新梢

●捻枝　幼木を早く大きくするには、多少不都合なものがあっても、芽はできるだけ多く残し、強くしたくない枝は、捻枝によって弱めます。

方法は、30〜40㎝くらいに伸びた新芽の根元を左手で持ち、右手で同じく根元を持ってねじ曲げます。このようにすると、枝の伸びが抑えられ花芽がつきやすくなります。

●摘心（芽摘み）　必要な芽であっても、あまり長く伸びると庭木としての姿がよくないので、これ以上木を大きくしないという場合は、新芽を15〜20㎝以上に伸びないよう摘心します。日本庭園の場合など、樹姿を重視する場合は、摘心を深くし、枝を短く伸ばします。一方、幼木や若木で、樹冠はまだ拡大するが、いくらか詰

実ウメの摘果

果実がつきすぎた場合、そのままにしておくと果実が小さいばかりでなく、翌年の結実にも影響するので、摘果（間引き）します。

小ウメではよほどの場合を除いては摘果はしませんが、大ウメではふつう5㎝以下の短い枝に1個、それより長い枝では5〜10㎝間隔に1個になるよう、ほかは摘果します。果実は大きいものを残します。なお、むらなりの場合は、多少多めに残します。

また、鉢植えでは結実させるつもりで大鉢に植えているもの以外は控えめに実をならし、果実を観賞するのに都合のよい位置に、数個結実させるにとどめます。したがって、受粉も必要な枝の数花にとどめておきます。

摘果の時期は早いほど効果がありますが、落果の心配もあるので、果実が小指の爪の大きさになる4月上旬ごろに行うのがよいでしょう。

摘心前

早めに芽を摘む

摘心後

めながら、ゆっくり樹冠を拡大したい場合は、40～60㎝程度の軽い摘心とします。

　摘心をすれば、二度伸びしてくるものがあります。二度伸びすれば、花芽がつきにくくなります。したがって、二度伸びしかけたら早めに芽をかき取って、無駄な養分を使わせないようにすることが大切です。樹勢の強い木では、部分的には一度摘心してから10数回も芽かきをすることがあるくらいです。

　この芽かきが根気よくできない場合は、8月から9月にかけて長い枝を切り詰める剪定をします。この時期には、長い枝を切り詰めても、ほとんど二度伸びしません。

　なお、木を早く大きくしたい幼木や若木の場合は、一般には摘心はしないで捻枝を中心に行います。また、実ウメで、樹形にこだわらず果実の収穫に専念したいなら、摘心はしないか、してもごく軽い摘心にとどめます。

摘果前

果実１個を残して摘果

強い摘心・弱い摘心

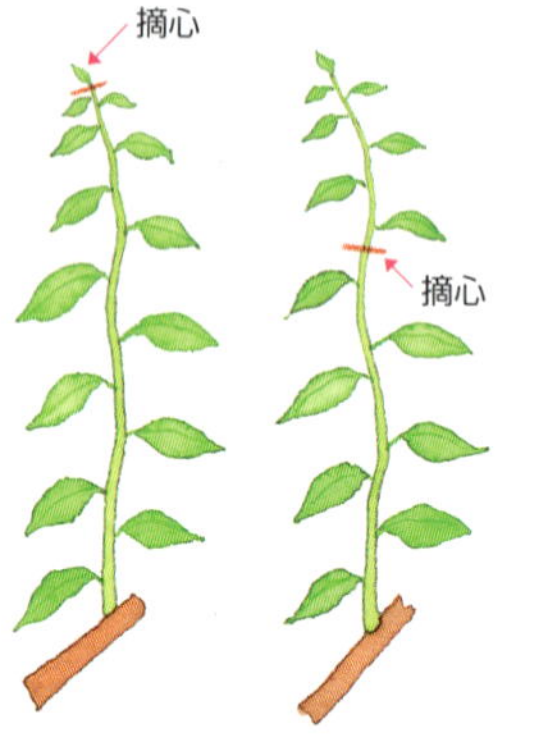
摘心
摘心

弱い摘心
二度伸びしにくい

強い摘心
二度伸びしやすい

強い芽・弱い芽

先端が曲がって
伸びている
先端が
止まっている

強い芽
太くて長い

弱い芽
細くて短い

植えつけ　適期ではありませんが、すでに掘り上げてあったものや鉢植え苗なら可能です。

掘り上げ、移植　行いません。

鉢植えの管理・作業

置き場　日当たりのよい場所に、あまり込み合わないように置きます。

水やり　水の必要な乾き具合の目安は、鉢土の表面が白っぽく乾いて、部分的にいくらか湿り気がある状態です。4月からは今まで芽がなかったものに、芽が出て葉がだんだんふえるのと、気温も上昇するので、いちだんと灌水量が多くなります。これからは鉢底から流れ出るくらいたっぷりと与えます。

　ときおり南の風が吹いて気温が上がることがあるので、乾燥には気をつけます。特に昼間、家にいないことが多い方は、天気予報を参考にしてたっぷり灌水してから出かけましょう。

肥料　中旬から5月下旬までの間に2～3回の置き肥をします。前回に施したものがなくなったら施すようにし、分量や施し方は2月に準じます（19ページ参照）。

整枝

●**剪定**　遅咲きの品種で花後の剪定が終わっていないものは、できるだけ早く行います。

●**芽かき**　幹から出た芽を中心に、不要な芽があればかき取ります。

●**摘心（芽摘み）**　木をコンパクトにまとめ、花つきをよくするための大切な作業です。摘心は普通の鉢植えでは、10cmくらい伸びた新芽で、まだ芽の先端が伸び続けているものについて行います。伸びたものから順次行い、それ以下の短いものは摘心しません。ただ、いわゆる小盆栽と呼ばれるような小鉢植えでは、鉢との釣り合い上、7～8cm以下に抑えます。そのためには、5cmぐらい伸びた時点でさらに伸び続けているもののみ摘心します。

摘心は伸びきらないうちに、できるだけ早く行うことが大切です。

摘心

込みすぎる芽を取る
太い枝から直接出た芽は、特に必要でない場合は取る

摘心前の鉢植え

芽の先端を摘む

摘心後

植えつけ　苗を用意してあるのにまだ行っていない場合は、急いで植えつけます。

植え替え　遅咲き品種でまだ行っていない場合はできるだけ早く植え替えます。

繁殖

タネから育てる苗

●前年11月にまいたもの　肥料を施して成長を促します（50ページ参照）。

　また、この時期はアブラムシがつきやすいので注意してください。

つぎ木

●3月に切りつぎしたもの　まっすぐ1本に伸びた苗木をつくるために、穂木の芽が4～5cm伸びたときに、不要な芽をかき取ります。高つぎにした場合はそのまま伸ばします。また、台木から出る芽は早めにかき取ります。

伸びた芽に支柱を添える

苗木をつくる場合は、芽が20～30cmほど伸びてきたら支柱を立てます。

　以降は幼木に準じて肥培管理を行えば、11月には苗木ができます。

●昨秋芽つぎしたもの　切りつぎに準じた手入れをします。伸びたつぎ芽が折れないよう、場合によっては支柱を立ててやります。

　以降の管理は幼木の管理に準じて行います。11月には立派な苗木ができます。

●昨秋腹つぎしたもの　前述の芽つぎしたもの

に準じます。

さし木

●3月に休眠枝ざししたもの　灌水に気をつけ、強い日ざしに当てないように気をつけます。

新芽が伸びてきたら、しおれないように空中湿度を保つようにします。肥料は施しません。

●休眠枝ざし　穂木が貯蔵してあって、まださし木を行っていない場合は、上旬のうちにさします（35ページ参照）。

病害虫の防除

アブラムシ、ウメスカシクロハ、コスカシバ、ウメケムシなどの害虫や、潰瘍病、縮葉病などに注意します（104〜106ページ参照）。

黒星病の予防　今月中旬から5月下旬にかけて2〜3回、オーソサイド水和剤80の800倍液やベンレート水和剤の2000倍液などを散布します。

この範囲に薬剤をまく

ウメスカシクロハの被害で芽の伸びない枝

ウメスカシクロハの幼虫

幹表面のコスカシバのふん

5月

若葉の季節です。ウメの新梢もすくすくと伸びています。一方、先月の下旬から肥大の目立った果実のほうは、今月中旬から下旬にかけて発育がやや鈍ります。

T.Otsubo

今年伸びた若葉

小ウメは下旬には収穫期に

今月の中旬は、ウメの木の栄養の交代時期でもあります。前年、枝幹や根に蓄えられた貯蔵養分は、このころまでに使い尽くされ、これからは、今年伸びた葉の働きでできた養分で生育するようになります。果実の核が硬くなるこのころは第二次生理落果の時期でもあります。

根の成長は、新芽が盛んに伸長しているときは盛んではありませんが、新芽の成長が落ち着く下旬ごろから、再び盛んに伸び始めます。

5
月

庭植えの管理・作業

水やり　ほとんど必要ありませんが、あまり乾燥するとヤニ果（58ページ参照）の発生が多くなりますので、晴天が続いて乾くようなら灌水します。

肥料　特に果実を多くつけている場合は、果実の肥大をよくするために、下旬に追肥をします。

　今春移植したものは、月に1～2回、できれば液体肥料を施すとよいでしょう。

整枝

●芽かき　4月に準じます（39ページ参照）。

●摘心　強く伸びそうなものがあれば、4月に準じて行います（40ページ参照）。

植えつけ　行いません。ただ、鉢植えを根鉢をくずさず庭植えにすることは可能です。

掘り上げ、移植　行いません。

移植樹に対する1回の施肥量の目安

根鉢の半径	幹を中心とする施肥半径	施肥面積	化成肥料1回の施肥量	液体肥料の希釈水量
20cm	40cm	0.5m²	20g	5ℓ
30cm	50cm	0.75m²	30g	10ℓ
40cm	60cm	1.0m²	40g	10ℓ
50cm	70cm	1.5m²	50g	20ℓ

●N-P-K＝8～10-8～10-8～10くらいの化成肥料または液体肥料を用いる。

●施肥半径は根鉢の半径に20cmを加えて算出する。

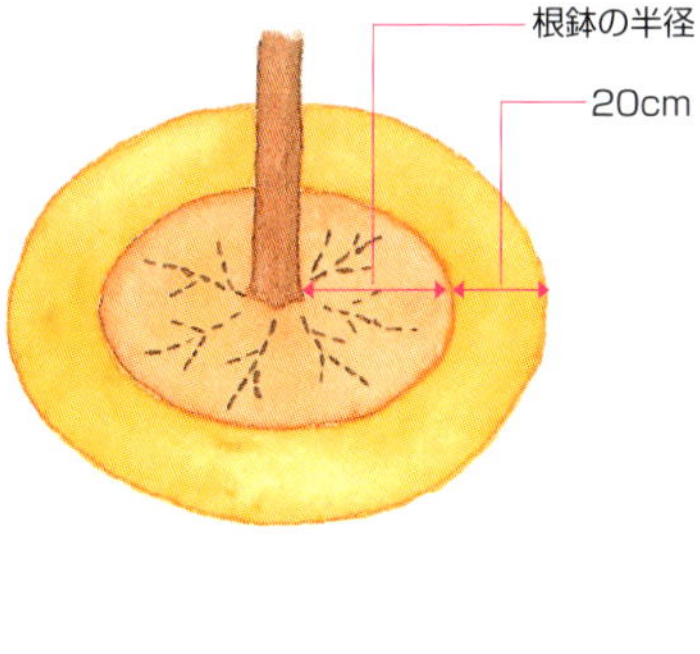

鉢植えの管理・作業

置き場　日当たりのよい場所に、あまり込み合わないように置きます。

水やり　鉢土の表面が白っぽく乾き始めて、部分的にいくらか湿り気がある状態になったら、灌水します。天気もよく、風もあり、空気も乾燥してよく乾くので、見落とさないように注意が必要です。

肥料　4月中旬から今月下旬までに2〜3回の置き肥をします（19ページ参照）。

整枝

●**芽かき**　4月に行っていればほとんど必要ありませんが、不要な芽があればかき取ります。

●**摘心**　遅く伸びた新芽についても4月に準じて行います（43ページ参照）。

●**針金かけ**　ウメは他の樹木ほど枝を曲げて凝った樹形をつくることは少なく、それほど針金かけの必要はありませんが、樹形のできていない木を整枝するには、針金かけが最も容易な方法です。

　針金かけで枝を寝かせることにより、基部の側枝がしっかりし、花つきもよくなります。特に、幼木や花つきの悪い木では好都合です。

　針金かけは、5月下旬から6月下旬ごろまでの、幹や枝が柔らかい時期に行うのが無難です。この時期を過ぎると、木が硬くなり、樹皮がむけたり、枝が折れたりしやすくなります。

　針金は、一般には銅線やアルミ線が多く使われます。これらは使いやすく、見た目もよいものです。しかし、ビニール被膜鉄線などありあわせのものでも十分です。幹や枝の太さによって、太さを変えます。8番線から20番線の間のものを3〜4種類そろえておくと便利です。番線の数字の大きいものが細い針金です。

①樹形を考える　枝ぶり、幹の状態、向きなどをよく見て、樹形の構成を考えます。

②大きな枝から小さな枝へ　まず幹に針金をかけ、幹の姿が決まったら、下の枝から上の枝にかけていきます。1本の枝についても、太いほうから細いほうに向けてかけていきます。

③針金の巻き方　太枝は曲げておいてから針金を巻くようにし、細枝は針金を巻いてから曲げます。曲げたい場所はややゆるく巻き、必ず曲げる個所の上に針金がくるようにします。巻き始めと終わりをやや固く巻くとよく効きます。

　大きくしたい枝は、樹形が乱れない範囲で角度を上向きにし、反対に、大きくしたくない枝

針金かけの手順

❶

かける前

❷

まず主幹に針金をかけ、だいたいの形を決める

❸

下枝から上枝へと順次針金をかけて全体の調和がとれるように枝を曲げていく

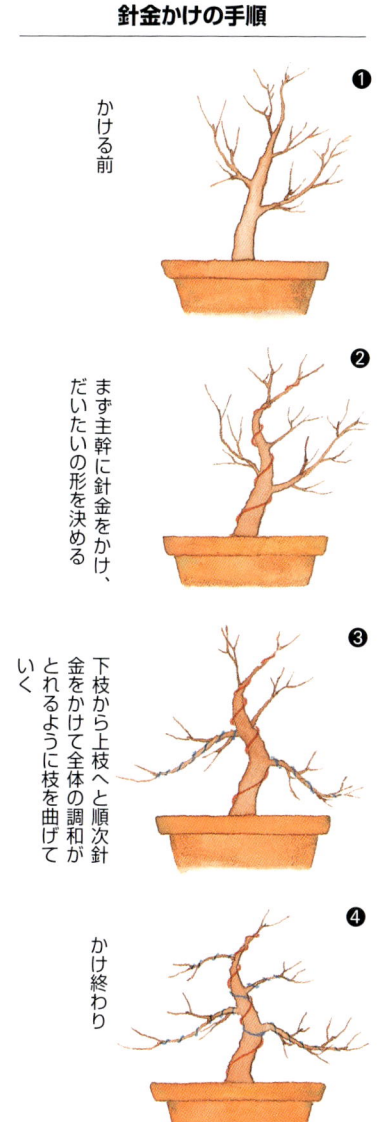

❹

かけ終わり

は下へ向けます。

　針金はあまり密に巻くとゆるんで、かえって効かなくなります。また、あまり締めすぎるのもよくありません。針金と枝との間にわずかにすき間がある程度が理想的です。これはなかなか難しい技術で、何回もの経験で体得するしかありません。

※針金かけのコツと注意点　針金かけの前は表土が白くなるまで灌水を控えてから作業をすると楽です。
　弱った木には針金かけをしないことです。

　針金をかけたままにしておくと、針金が枝に食い込んできますので、遅くとも秋には外します。針金かけの効果が出なかったものは、翌年の5月にもう一度かけるようにします。

　太い枝は、針金かけ以外の方法で誘引するほうが効果的な場合もあります。

針金かけ以外の枝の誘引法

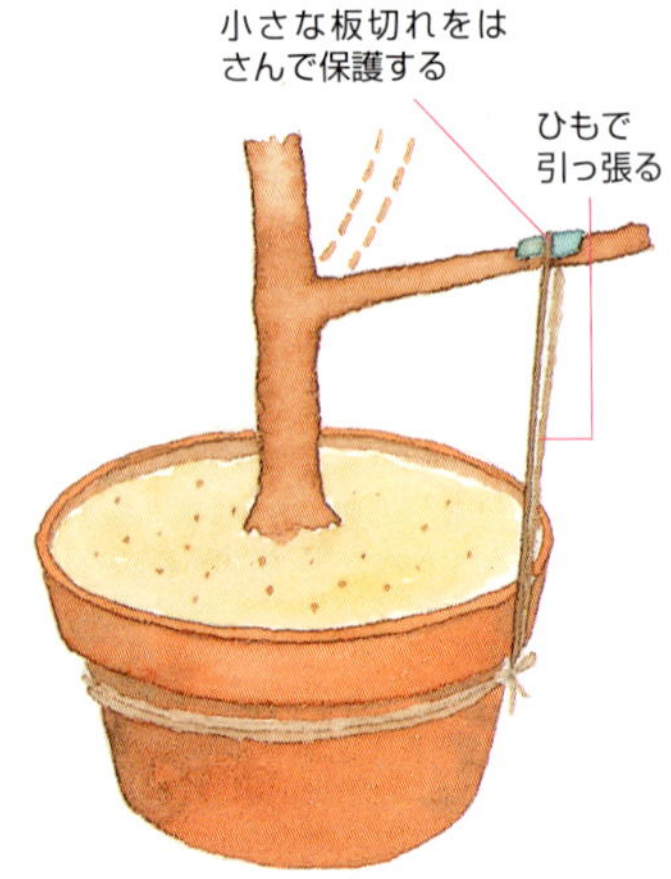
小さな板切れをはさんで保護する
ひもで引っ張る

植え替え　行いません。

繁殖

タネから育てる苗

●前年11月にまいたもの　雑草やアブラムシに気をつけ、ときどき深さ2〜3㎝ぐらいまで土を耕します。月に2回ほど、化成肥料（N-P-K＝各8〜10％）を1本に2g程度の割合で、表土に施します。水やりを忘れないように、乾いたら与えます。

さし木

●3月に休眠枝ざししたもの　灌水に気をつけ、強い日ざしや強風に当てないように気をつけます。さし木後2か月ぐらいたって、新芽が4〜5cmぐらい伸びたら（下旬ごろが目安）、ごく薄い液体肥料を2週間に1回施します。

ビニールで覆ってあったものは、このころから徐々に外気に当てるようにします。

病害虫の防除

アブラムシが4月に続いて多く発生します。また、数種のカイガラムシがつきます。そのほか、ウメスカシクロハ、コスカシバ、ウメケムシや、苗木や幼木を脅かすナシヒメシンクイに注意しましょう。また、病気では、潰瘍病に要注意です（104〜106ページ参照）。

黒星病の予防　例年発生が多い場合は、4月に引き続き薬剤を散布します（45ページ参照）。

黒星病の出た果実

タマカタカイガラムシ

潰瘍病におかされた果実

葉を巻くアブラムシによる被害

6月

梅雨の季節。その名のとおり、ウメの果実の熟期でもあります。品種によって熟期には差があり、小ウメは上旬に黄色く熟し、多くの品種は中旬から下旬にかけて熟します。

T.Otsubo

たわわに実った‘南高’の果実

果実の収穫期です

多くの品種は、上旬ごろまでいったん発育が鈍っていますが、その後、黄熟期までの間に最後の発育を終え、いちだんと大きくなります。熟すにつれて酸味が増加し、糖分はふえないのがウメの特徴です。したがって、梅干しなどに用いるウメは、軟らかくならない程度で、できるだけ成熟したものを用います。

新梢の発育も、上旬には止まってきます。

庭植えの管理・作業

水やり　不要です。

肥料　下旬から7月上旬にかけて、年間施肥量の30％くらいを施します。一般に、実をとったあとの肥料をお礼肥といいますが、ウメにとっては元肥というべき重要なものです。

　この時期の施肥は花つきをよくし、実をとるのに大切な完全花を多くします。庭木としてのウメには肥料はほとんど施さないのが普通ですが、1年に1回、この時期の施肥くらいは行いたいものです（施肥の方法、分量については、82ページ参照）。

整枝

●**摘心**　一度摘心したところからまた芽が伸びる場合（二度伸び）は、できるだけ小さいうちに（養分を使わないうちに）かき取ります。

植えつけ　行いません。ただ、鉢植えを根鉢をくずさず庭植えにすることは可能です。

二度伸びの摘心

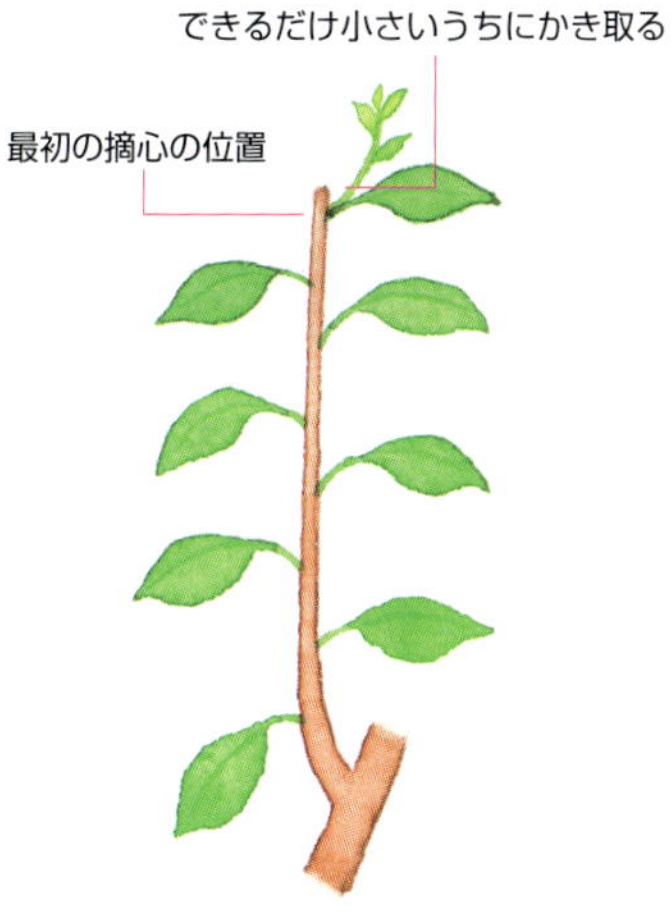

掘り上げ、移植　行いません。

鉢植えの管理・作業

置き場　日当たりのよい場所に、あまり込み合わないように置きます。

水やり　梅雨の季節で、灌水が不要の日もありますが、急に晴れてしおれさせてしまうことも

ウメの実の収穫

場所ごと、年ごと、また同じ木でもなっている位置や個々の果実によって熟期が異なります。用途に応じて、適熟のものを収穫します。毎日目の届く庭にあるウメは、このような収穫ができるのも魅力の一つです。

梅酒には青ウメ、梅干しには黄みがかったものから黄熟したものまでを収穫します。

1本の木でも、熟期には2週間ぐらいの幅があるものです。なった実をすべて梅干しにするなら、とれた順に漬け込んでいくとよいでしょう。とるたびに重さを量っておき、その重さに応じて塩を加えていきます。塩は、出た梅酢で溶かしてから加えるのがコツです（124ページ参照）。

梅酒などに用いるものは、1個ずつ手でとりますが、高いところになっているものは、木の下にシートなどを敷き、棒でたたいて落とすと、傷はつきますが能率的です。たたくときは、ある程度の太枝をすばやくたたくのがコツです。

また、木の下にシートを敷いて、熟して落ちたものを拾っていくと、熟度がそろいます。ただ、1日に2回は拾っておかないと、天気がよい日には落ちた実が日焼けしてしまいます。

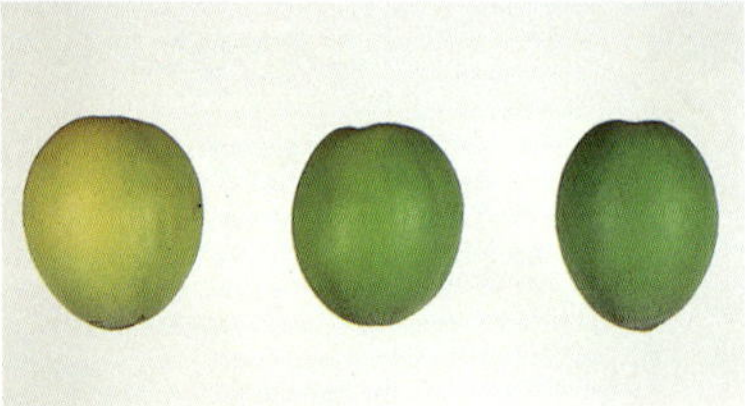

熟度の違う果実。右から青ウメ、黄色みがかったもの、黄熟したもの

あるので、注意が必要です。

一方、逆に、雨が多いため過湿の害が出ることがあるので注意します。過湿のために根が弱ったところに夏の太陽の直射を受けると、葉を巻きます。いったん巻いた葉は元に戻りませんので、ウメの成長にとってはマイナスです。

肥料　施しません。

整枝

●摘心　二度伸びしてきたものは、できるだけ小さいうちにかき取ります（43ページ参照）。

●針金かけ　5月に準じて行い、遅くとも中旬には終えるようにします（48ページ参照）。

植え替え　行いません。

繁殖

タネから育てる苗

●前年11月にまいたもの　管理は5月に準じます（50ページ参照）。ただ、苗が大きくなってくるので、肥料の分量をふやし、1回に1本当たり4g程度を施します。

また、うどんこ病の発生に気をつけます（107ページ参照）。

●タネとり　熟して落ちた果実を集め、いくらか腐熟したら、つぶしてタネを取り出します。よく水洗いして果肉を取り除きます。2～3日陰干ししてから貯蔵します。タネの貯蔵法は63ページを参照してください。なお、タネは中粒以上の果実の大きな品種からとります。

T.Otsubo

ウメのタネ

さし木

●3月に休眠枝ざししたもの　5月に準じます

（51ページ参照）。

●緑枝ざし　春から伸びた新梢を用いてさし木する方法です。時期は5月下旬から7月上旬にかけて行います。柔らかい新梢を用いるので、普通にさしたのでは活着しませんが、さし床あるいはさし木鉢をビニール袋で覆う、いわゆる密閉ざしを行うと湿度が高く保たれるので、よく活着します。しかも、発根までの日数は40～60日ぐらいで、非常に早く発根します。もっとも、さし穂が細いので、台木としては休眠枝ざしのようにすぐには使えません。

①さし木床の準備　6～8号（直径18～24㎝）の半鉢または深さ20㎝ぐらいの箱に1/4までゴロ土を入れ、その上に径2～5㎝程度の鹿沼土または赤玉土を詰めます。用土は、これらのほか、細菌が少なく、保水、水はけ、通気性に優れた土壌であれば何でも結構です。

②さし穂の調整　穂木は葉をつけているため、しおれやすいので、採取は日中を避けます。切り取った穂木はすぐに先端まで水につけ、採取が終わったら1本ずつ水から出して、よく切れる刃物で調整し、1～2時間、切り口を水につけて立てておいてからさします。

③さし方　用土を湿らせてから、あらかじめ棒で穴をあけ、深さ3～5㎝程度を埋めます。間隔は葉が重ならない程度を目安とします。さし終わったらたっぷりと灌水します。

④密閉および遮光　湿度を高く保つため、ビニールで密閉します。密閉したところに直射日光が当たると内部の温度が上がりすぎるので、よしず、あるいは寒冷紗なら2枚重ねにして遮光します。もしくは、一日中直射日光の当たらない、明るい日陰で管理します。

⑤発根後の管理　葉が生き生きしてきたら、発

緑枝ざし

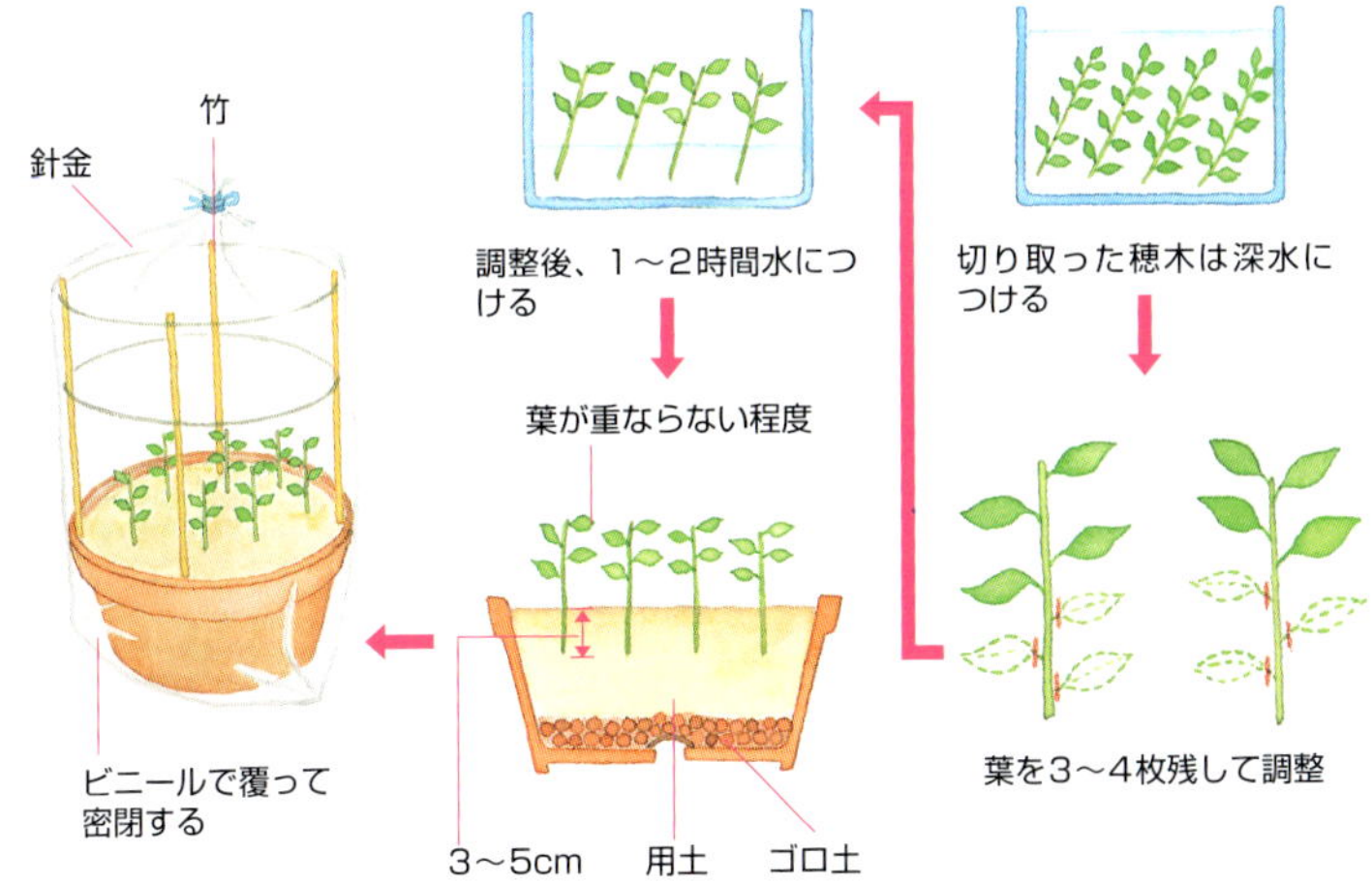
切り取った穂木は深水につける
葉を3～4枚残して調整
調整後、1～2時間水につける
葉が重ならない程度
3～5cm
用土
ゴロ土
竹
針金
ビニールで覆って密閉する

根した証拠です。

少しずつ外気に慣れさせるため、最初はビニールにいくつか穴をあけるなどして空気を通し、しおれないことを確認しながら穴の数をふやしていきます。こうして、数日から1週間ぐらいかけてビニールを完全に取り去ったのちに、移植します（64ページ参照）。

移植してからもしばらくは遮光し、徐々に慣らしてから直射日光に当てるようにします。遮光の期間は5～6日ぐらいです。

病害虫の防除

ハマキムシ、コスカシバ、イラガ、ウメスカシクロハ、ナシヒメシンクイなどの害虫に注意します。鉢植えの場合はダニの被害を受けることもあります。病気では、潰瘍病、うどんこ病に注意します（104～107ページ参照）。

果実の日焼け症とヤニ症

日焼けやヤニ症は病原菌による病気ではありません。一種の生理病です。

日焼け症　果実の果柄部や果肩部の日の当たる部分に、淡褐色のくぼんだ斑点ができます。果肉は褐色に変わり、空洞ができて中にヤニがたまることもあり、はなはだしいときは落果します。

原因としては、根の調子が悪く、吸水がまに合わないときに、果実が直射日光にさらされて果実温が上昇したためと考えられています。対策は、日ごろから肥培管理をよくし、根を健全に保つことと、ホウ素が欠乏しないようにすることです。

ヤニ症　果実の表面にヤニが出たり、内部にヤニがたまったりします。果肉にヤニがあると気持ちよくはありませんが、毒ではありません。

この原因は、土壌中のホウ素の欠乏です。対策としては、果実が肥大する特に5月に土壌を乾かさない、土壌に有機質を十分に施す、ホウ素を施用する（2月に硼砂またはホウ酸を3.3㎡当たり10gぐらい樹冠下にまく。水に溶かして、ジョウロなどでまくと楽）といったことがあげられます。ただし、ホウ素は微量要素ですので、多いと過剰障害が出ます。品種による違いも大きく、‘鶯宿’や‘月世界’には出やすく、‘南高’には出にくい障害です。

ヤニ果

日焼け果

とり木に挑戦

家庭のウメではあまり行われませんが、さし木の困難な品種や、特に太い枝を発根させてふやすことができるのが、とり木の魅力です。適期は新芽の伸びが止まる6月下旬ごろです。

手順は、まず発根させたい位置の近くの小枝を除き、発根させたい位置のすぐ下の樹皮を2～3㎝の長さにはぎ取ります。この場合、樹皮を完全にはぎ取ることが大切です。完全に取れないときは、ナイフで削り取ります。

はぎ終わったら、湿った水ゴケで包みます。水ゴケの量は、枝の大きさによっても違いますが、保湿のためのものですから、大きく一つかみは必要です。次にビニールで包みます。このとき、下方は水が通る程度にややゆるく縛ります。

11月ごろに、根の出た枝を切り離します（90ページ参照）。

とり木の方法

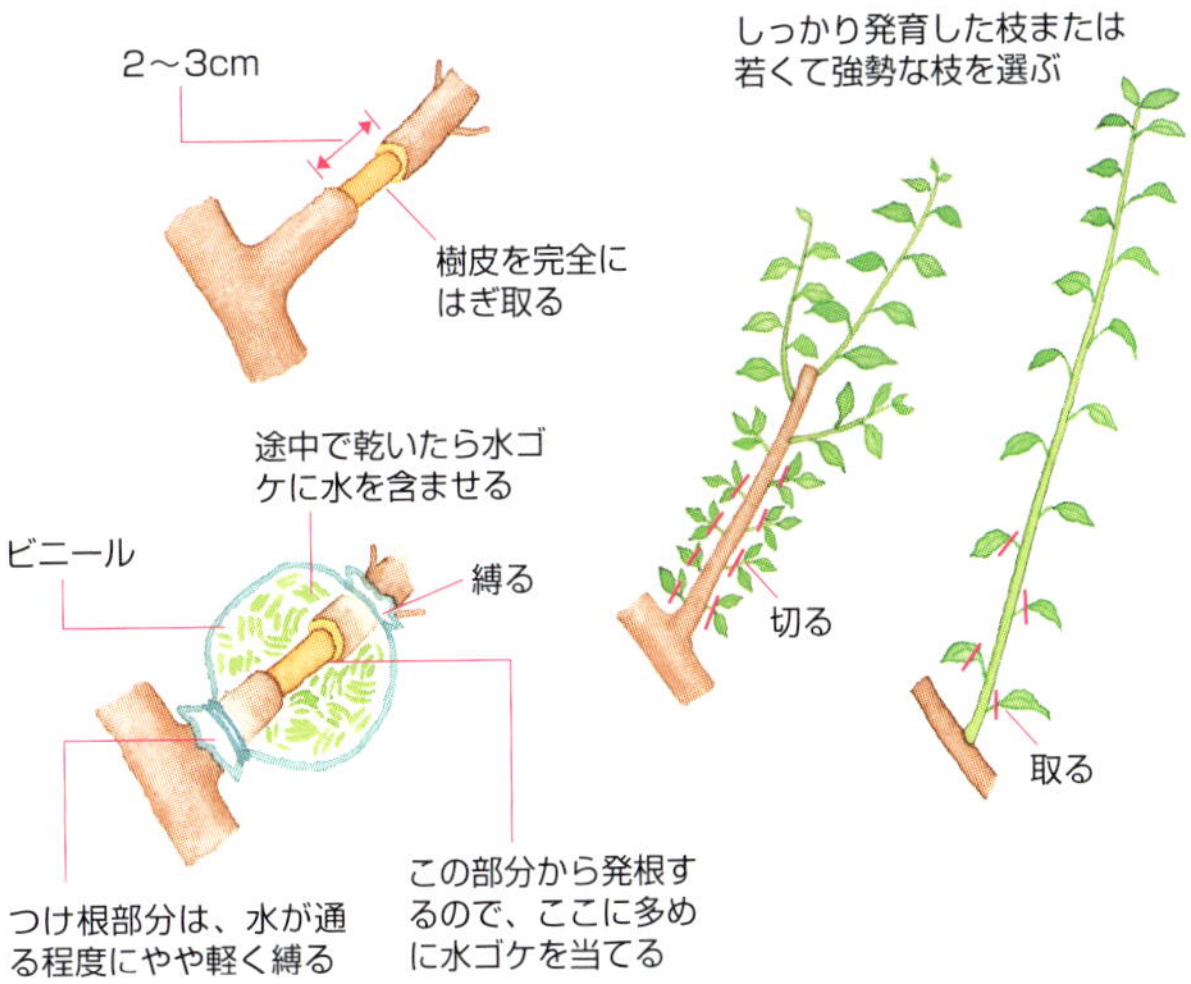

しっかり発育した枝または若くて強勢な枝を選ぶ
切る
取る
2～3cm
樹皮を完全にはぎ取る
途中で乾いたら水ゴケに水を含ませる
ビニール
縛る
この部分から発根するので、ここに多めに水ゴケを当てる
つけ根部分は、水が通る程度にやや軽く縛る

7月

早ければ中旬には梅雨が明け、真夏の太陽が照りつけ始めます。盛んに伸びていた新梢も落ち着き、下旬からは乾燥期に入って、根の伸長が緩慢になってきます。

ウメの実の土用干し

新梢の伸びが止まります

梅雨も後半に入り、早ければ中旬には盛夏が訪れます。

新梢の伸びは止まり、強い光線のもとで光合成が進んで養分が枝幹や根に蓄えられます。それとともに、花芽の分化発達も進みます。短果枝の花芽の多くは7月中に分化期に入り、中果枝、長果枝の分化はさらに遅れます。

庭植えの管理・作業

水やり　不要ですが、砂質土壌で例年乾害の出るような場合は必要です。また、移植してまもない木では、根がまだ広く張っていないので、乾燥に注意します。

肥料　6月下旬に施した場合は不要です。まだの場合は6月に準じます。

整枝

●夏の剪定　剪定は冬の剪定と夏の剪定に分けられ、ただ剪定といえば冬の剪定を指します。夏の剪定というと、広義には4月以降の芽かき、摘心まで含めて考えますが、ここでは、7月上旬から下旬までの間に行う剪定について説明します。

　時間がなく冬の剪定のみで、これまで摘心、芽かきなどを一切行えなかった場合でも、その間の樹姿の乱れさえ気にならなければ、夏の剪定で補うことができます。ここで樹形の乱れを直し、各葉への日当たり、通風をよくするために行います。適度に行えば、花つき、結実ともによくなります。

　しかし、これまでに芽かき、摘心などを行い、枝がよく整理されていれば、行う必要はありま

剪定前

高枝バサミなどで樹形を整える

剪定後

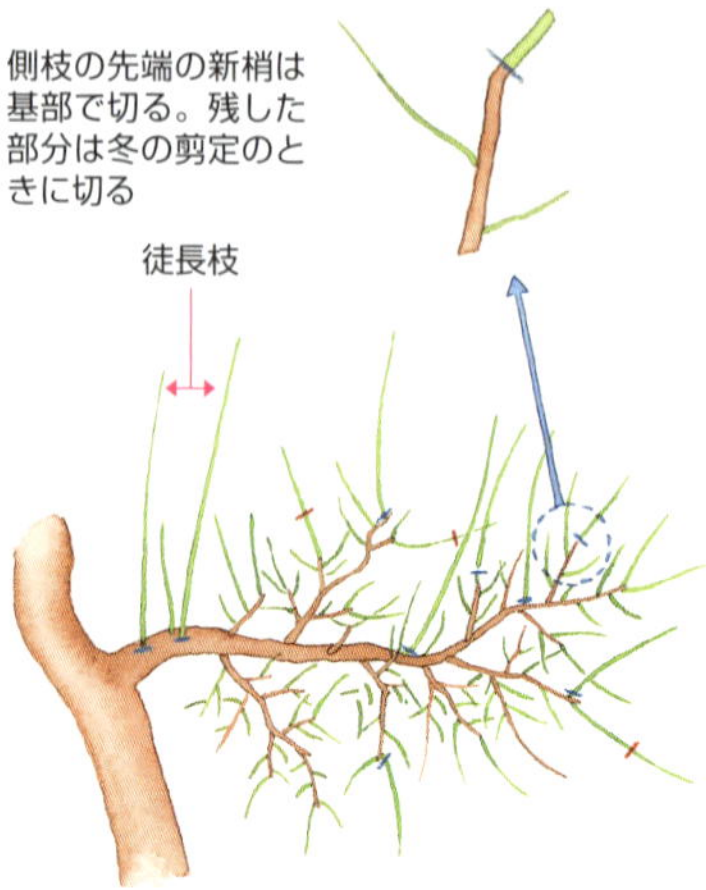
側枝の先端の新梢は
基部で切る。残した
部分は冬の剪定のと
きに切る
徒長枝
は間引き
は切り返し

葉をつけると複雑になるので、枝だけを示してある

幹から出た徒長枝

せん。

　徒長枝を中心に、込んだ枝を軽く間引き、樹形を乱す長い枝を多少切り返します。もし、樹形よりも結実を重視するなら、切り返しはできるだけ控えます。剪定後に二度伸びするようではいけません。

●**摘心**　二度伸びしているものは、できるだけ小さいうちにかき取ります（40ページ参照）。

植えつけ　行いません。ただ、鉢植えを根鉢をくずさず庭植えにすることは可能です（16ページ参照）。

掘り上げ、移植　行いません。

鉢植えの管理・作業

置き場　灌水さえ手抜かりなく行えば、これまでと同じ場所でもかまいませんが、正午から午後3時ごろまでの強い日射が避けられるような場所があれば理想的です。

水やり　真夏の太陽が照りつけます。乾燥には特に気をつけ、水はたっぷり与えます。状態によっては1日2回は必要です。

肥料　施しません。

整枝

●芽かき　一度摘心したところから二度伸びするものがあれば、伸びないうちにかき取ります。

植え替え　行いません。

掘り上げ、移植　行いません。

繁殖

タネから育てる苗

●タネの貯蔵　戸外の水はけのよいところに穴を掘って、川砂とタネを交互に層状に詰めて貯蔵するか、量が少ない場合は、ビニール袋にタネだけを詰め、冷蔵庫などに入れて、11月のタネまきまで貯蔵します。この場合、湿ったタネだと年内に芽が出てしまうので注意してください。

●前年11月にまいたもの　5月、6月に準じます（50ページ、55ページ参照）。

つぎ木

●呼びつぎ　根のついた木どうしをつぐので、安全で確実につげるため、盆栽などで枝の欲し

タネの貯蔵法

量が多い場合は、底に穴をあけた発泡スチロールの箱を用いるのもよい

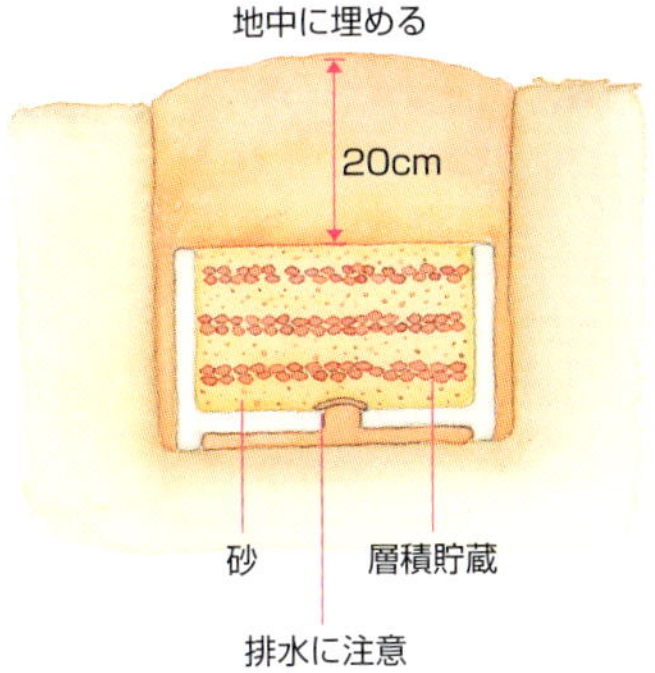
地中に埋める
20cm
砂
層積貯蔵
排水に注意

いところにつぐのに行われる方法です。

①時期　樹液の流動の盛んなときならいつでも行えますが、ウメでは7月に行うのが最適なようです。また、朝よりも樹体の水分が少ない日中に行ったほうが、枝が折れなくてよいでしょう。

呼びつぎ

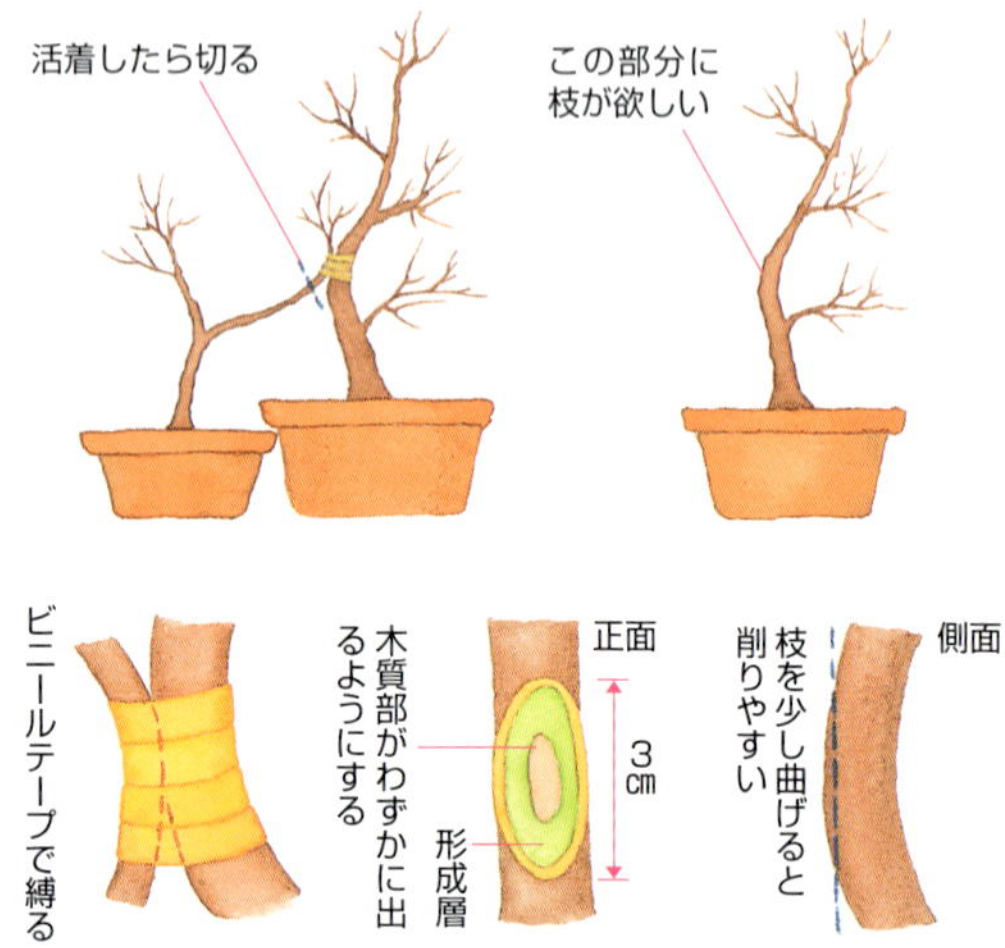

活着したら切る
この部分に枝が欲しい
ビニールテープで縛る
木質部がわずかに出るようにする
形成層
正面
3㎝
枝を少し曲げると削りやすい
側面

②つぎ方　まず、穂木になるほうの枝を、わずかに木質部に達する程度にナイフで平らに削り、台木も同じ程度に削って、形成層を合わせてくっつけ、ビニールテープで強く縛っておきます。

③つぎ木後の管理　つぎ木後はそのままの状態で管理し、活着していれば11月下旬ごろに穂木を親木から切り離します。切り口にはつぎロウを塗り、保護します。

　鉢どうしの高さが違う場合などは、ブロックなどで高さを調節し、ついだ位置がずれないようにします。

さし木

●3月に休眠枝ざししたもの　5月に準じて手入れを行います（51ページ参照）。

●緑枝ざししたもの　50～60日ぐらいで発根す

るので、発根したらビニールの覆いを取って、1週間ぐらいそのままの状態で外気に慣らします。その後、移植をします。

移植は鉢に、または庭に移植床をつくって行います。

鉢の場合、4〜5号鉢を用い、用土は草花に用いるような通気、水はけともによく、より肥よくなものを用います。

移植床をつくって移植する場合には、50cm四方に化成肥料（N-P-K=各8〜10%）50gとピートモスまたは腐葉土を少々加えて深さ25cmまでよく耕し、整地してから15cmぐらいの間隔で植えます。

いずれの場合も移植後はたっぷり灌水し、苗がしおれなくなるまで、しばらく遮光します。活着後は10日に1回の割合で薄い液体肥料を施すか、1株につき油かす5gを月に2回ぐらい表土に施します。水は、乾いたら与えます。

病害虫の防除

ハマキムシ、モンクロシャチホコガ、コスカシバ、ダニ、イラガ、ナシヒメシンクイ、カイガラムシなどが発生します。病気としてはすす病、うどんこ病の防除を心がけます。また、細菌による根頭がん腫病の時期でもあります（104〜108ページ参照）。

緑枝ざしの移植

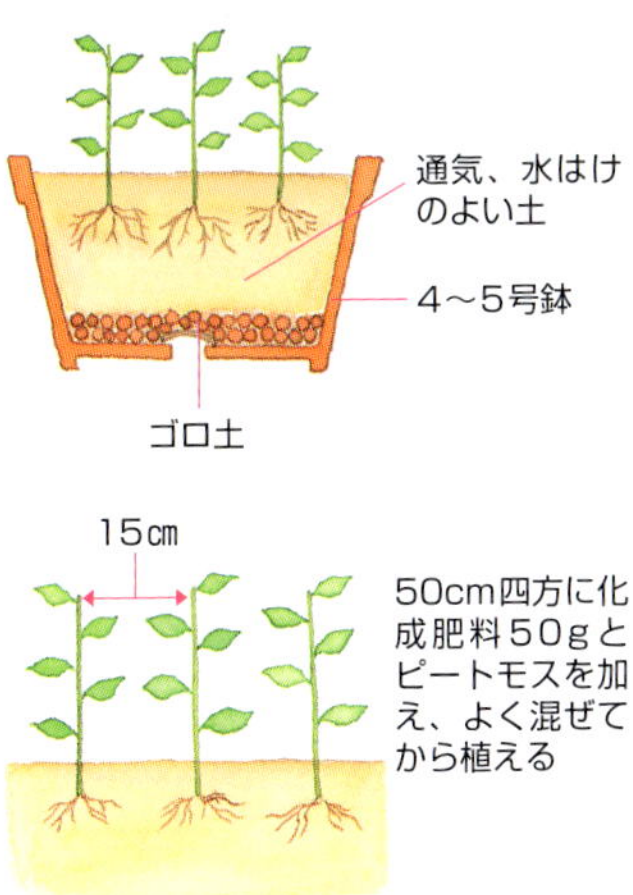
通気、水はけのよい土
4〜5号鉢
ゴロ土
15cm
50cm四方に化成肥料50gとピートモスを加え、よく混ぜてから植える

8月

先月に引き続き、暑さが厳しい今月。ウメはしきりに養分をつくり、蓄積しています。節には葉芽や花芽が目立つようになります。乾燥しないように注意するほか、台風対策も講じておきましょう。

充実した枝につく葉。花芽の分化が進んでいる

花芽の分化期です

高温と乾燥で、一見、木は弱ったように見えます。しかし、強い光線のもとで光合成は盛んに進み、養分の蓄積もおう盛です。花芽の分化が進みます。1年のうちで、この高温と乾燥は、枝葉の茂る栄養成長から、花をつける生殖成長への転換に大きな意味をもっているのです。

庭植えの管理・作業

水やり　不要ですが、砂質土壌で例年干害の出るような場合は必要です。また、移植してまもない木では、根がまだ広く張っていないので、乾燥に注意します。

肥料　施しません。

整枝

●夏の剪定　必要であるのにまだ行っていなければ、7月に準じて行います。（61ページ参照）。

●摘心　二度伸びするものがあれば、早めにかき取ります（40ページ参照）。

植えつけ　行いません。

掘り上げ、移植　行いません。

台風対策　台風襲来の季節です。木が倒れる心配があれば、支柱で補強します（下図）。特に、移植したばかりの木は注意しましょう。台風の通過後、枝葉が傷ついていると病気が発生します。日ごろから潰瘍病の発生が多い場合には防除が大切です（105ページ参照）。

鉢植えの管理・作業

置き場　これまでと同じ場所でかまいませんが、正午から午後3時ごろまでの強い日射が避けられるような場所が理想的です。

水やり　乾燥には特に気をつけ、水はたっぷり与えます。状態によっては1日2回は必要です。

肥料　葉色が薄いようなら、上旬に1回施肥します。

整枝

●摘心　二度伸びするものがあれば、できるだ

支柱での補強

枝にゴムか杉皮などを巻き、
枝ずれを防止する
支柱は3方向から立てる

8月

け小さいうちにかき取ります。

植え替え　行いません。

掘り上げ、移植　行いません。

台風対策　防風垣をつくるか、風の当たらない場所に移動させます。枝葉が傷つくと病気が発生するので、前ページの庭植え同様の防除を行います。

繁殖

タネから育てる苗

●**前年11月にまいたもの**　5月、6月に準じますが（50ページ、55ページ参照）、乾燥に気をつけ、ときどき灌水をします。生育のよい苗は、8月上旬から9月にかけて芽つぎができます。

つぎ木

●**芽つぎ**　枝つぎに比べて操作が簡単で、初心者でもよく活着します。台木を切らずに行うので、台木を損じる心配もありません。活着したかどうか、1週間ぐらいでわかるので、もし失敗したら、すぐやり直すこともできます。

①**芽つぎの時期**　T字形芽つぎは樹皮のはがれ

夏の留守中、鉢物の灌水法

留守をするとき、一番気になるのは鉢物の水やりです。鉢がそれほど多くなく、1週間以内の留守なら、工夫すればなんとかなります。また、近年は便利な自動灌水装置もあります。タイマーを設定して水を与えるだけのものなら、安価な装置が出回るようになりましたので、使ってみるのもよいでしょう。

4～5日以内の留守なら図のような方法もあります。

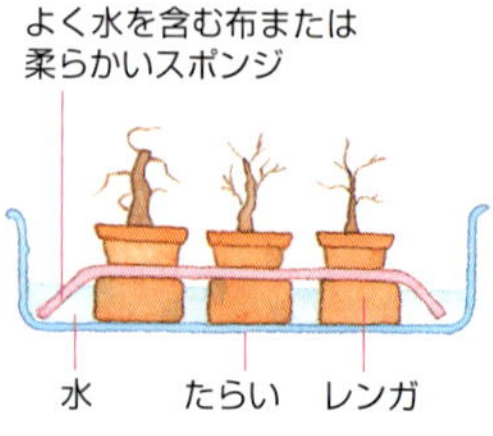

よく水を含む布または柔らかいスポンジ
水
たらい
レンガ

やすい8月上旬から中旬までが適期ですが、そぎ芽つぎは樹皮がめくれなくても行えるので、適期は9月中旬までと長くなります。

②台木　苗木をつくる場合は、万年筆の太さ以上で、1〜2年生の若い台木を選びます。古いものは適しません。

T字形芽つぎの場合は、樹皮がめくれることが第一条件です。土壌の乾燥が続いている場合は、つぐ数日前にたっぷり灌水しておくと、剥皮が容易になります。

大きな木の枝の一部につぐ場合は、太い枝ではなく、若い枝につぎます。太い枝につぐなら、芽つぎより腹つぎ（76ページ参照）のほうがよいでしょう。

③つぐ位置　苗木をつくる場合は、台木の地表面から10㎝ぐらいの位置につぎます。高つぎの場合も、台木になる枝のできるだけ基部につぎます。

④つぎ方　いろいろなやり方がありますが、これまで最もよく行われたのはT字形芽つぎです。

つぎ芽をとる準備

太めで充実した新梢を選ぶ

葉柄の一部を残して葉を取り去る。この穂木から、そぎ芽つぎやT字形のつぎ芽をとる

8月

そぎ芽つぎ

葉のつけ根にある葉芽をわずかに木質部をつけてそぎ取る

下部はさし込みやすいように角度をつけて切り込む

切り取ったつぎ芽

T字形芽つぎ

穂木の芽の5～6mm上にナイフを入れる

木質部をわずかにつけて下から上へそぎ取る

削り取った芽の裏側。木質部が残っている

台木の芽をつぎたい部分に、T字の最初の切り込みを入れる

ナイフの先を使って、縦にも切れ目を入れる

ナイフの先などで樹皮をめくる

❹ 台木をわずかに木質部にかかるように浅く切り込み、樹皮部の基部5mmを残す

❺ つぎ芽をさし込む

❻ 葉芽と葉柄を出してビニールテープで結束する

❼ 台木につぎ芽をさし込む

❽ T字の横の切り込み線上に、つぎ芽の上部をそろえることが大切

❾ 下のほうからビニールテープで巻く

❿ 葉柄を出して結束する。芽の部分を何重も覆わないように注意する

しかし、最近ではそぎ芽つぎも多く行われています。この方法は皮をめくらないでつぐので、台木の皮がはがれないときでもつげるという利点があります。

⑤活着の判定とその後の管理　活着は1週間ぐらいで結果が出ます。活着していれば、葉柄に触るとポロリと葉柄が落ちます。葉柄がしなびて取れない場合は失敗ですから、もう一度やり直します。

　活着していてもそのままにしておき、翌春の発芽前（2月下旬ごろ）にビニールを取り、台木はつぎ芽の上2～3㎝のところで切ります。さらにつぎ芽が30㎝前後に成長したころ、つぎ芽のすぐ上で切ります。つぎ芽の生育中には、台木の芽かきが大切です。

●3月に切りつぎしたもの　縛ってあるビニールテープを外します。台木の芽を取り忘れている場合は、基部から切り取ります。

さし木

●3月に休眠枝ざししたもの　5月の管理に準じます（51ページ参照）。

●緑枝ざししたもの　活着後、移植を行っていないものは7月に準じて行います（64ページ参照）。

病害虫の防除

　ハマキムシ、ミノムシ、イラガ、ダニ、ドウガネブイブイ、モンクロシャチホコガなどに注意します（107～108ページ参照）。

シャクトリムシの防除　色といい姿といい、あたかも木の枝のように巧妙に装っているので気づかず、葉を食べられてしまいますが、一度にたくさんは発生しません。

つぎ木のいろいろ

活着しやすく、つぎ木を自在に楽しめるウメ。穂木や台木の削り方、合わせ方などにより、いろいろな方法が考案され、たくさんの呼び名があります。ここで、つぎ木の呼び名を整理しておきましょう。

●つぎ木の種類

①つぎ穂、台木の種類によって

枝つぎ（休眠枝つぎ）、緑枝つぎ、芽つぎ（68ページ）、根つぎ、呼びつぎ（64ページ）、橋つぎなど

②台木を掘り上げてつぐか、掘り上げないかによって

揚げつぎ（35ページ参照）、居つぎ（86ページ）

③つぎ穂、台木の削り方、合わせ方によって

枝つぎ……切りつぎ（32ページ）、割りつぎ、合わせつぎ、くらつぎ、そぎつぎ、舌つぎ、皮下つぎ（はぎつぎ）、腹つぎ（76ページ）など

芽つぎ……そぎ芽つぎ（70ページ）、盾芽つぎ（T字形芽つぎ、70ページ）、はめ芽つぎ、かぎ芽つぎなど

④つぐ位置によって

高つぎ（34ページ）

●活着の条件

穂木と台木の相性や技術の良否が重要であることはもちろん、催芽状態、台木の活動状態、つぎ木後の保護、さらに環境条件として温度、湿度なども重要です。

なかでも、穂木の催芽状態は大切です。接着部が先に癒合し、発芽はゆっくりなのが理想的です。芽の伸長が先に進むと水分の供給がまに合わなくなり、枯死します。つぎ穂の貯蔵はそのために行うのです。

また、つぎ木後の保護も非常に大切です。催芽が進みすぎていれば、ビニールで密閉したり、湿度を保つ工夫をすることで、かなり無理なつぎ木も可能になります。つぎ穂と台木の切断面だけでなく、つぎ穂も含めて、全体を完全に保護すれば、少々技術が未熟であってもかなりカバーできます。

9月

ようやく秋の気配が漂い始める今月。ウメの木は寒い冬に向け、次の開花のために養分の蓄積を続けています。もっとも、下旬からは芽の休眠が深まり、もう枝を切っても芽は出てきません。

花芽（両脇）と葉芽（真ん中）

暑さを乗り切り、生理機能は活発に

高温、乾燥で弱っていたウメの木も、９月に入って雨が多くなると生気を取り戻します。衰えていた根も活動を始め、外見ではそれほどわかりませんが、まだ生理機能は活発です。形成層の活動も盛んで、そぎ芽つぎや秋の腹つぎの適期となります。

昼間は気温も高いのですが、夜間は涼しいため、昼間つくられた炭水化物の蓄積が進みます。

庭植えの管理・作業

水やり　雨がなく、残暑が続く間は8月に準じます（66ページ参照）。雨があれば灌水は不要です。

肥料　葉色が薄ければ、6月の施肥と同量の複合肥料を施します（53ページ、82ページ参照）。

整枝

●剪定　7月に準じます（61ページ参照）。

植えつけ　行いません。

掘り上げ、移植　行いません。

鉢植えの管理・作業

置き場　上旬までは残暑が厳しいので、正午から午後3時ごろまでは強い日射が避けられる場所に置きます。涼しくなったら日よけをしている場合は取り、日のよく当たる場所に移します。

水やり　残暑が続く間はたっぷり与え、ものによっては1日2回は灌水します。涼しくなれば灌水量は減らします。長雨の時期には、水はけの悪い鉢はできるだけ軒下などに取り込みます。

肥料　下旬ごろから10月初旬にかけて1回置き肥をします。

整枝

●摘心　二度伸びしているものがあれば、基部から取り除きます。

●針金の除去　針金をかけてあるものは、枝に食い込まないうちに取り外します。

植え替え　行いません。

繁殖

タネから育てる苗

●前年11月にまいたもの　枝の遅伸びを防ぐため施肥は行いません。葉を食べる虫には注意して、見つけたら防除（捕殺または薬剤）します。

つぎ木

●腹つぎ　今月中旬から10月中旬にかけてが腹つぎの適期です。腹つぎは、台木の側面につぐ方法で、形成層が広く現れ、穂木と台木の形成層を合わせるのに神経をつかう必要がなく、活着率も高いものです。

　この方法は、つぎ木の初心者におすすめしたい方法です。活着の判定がつくまで、台木の枝を切り戻さなくてもすむので枝を損じる心配がなく、盆栽や庭木の枝の欲しいところに枝を補うのには特に便利です。

①穂木の切り方　穂木の切り方は、基本的には切りつぎと同じですが、切る角度が異なります。つぎ木後、保護するうえで穂木は短いほうが楽なため、普通は1芽か2芽程度に短くします。しかし、パラフィンや伸縮性のテープなどを利用すれば乾燥も容易に防止できるので、長い穂木や枝分かれした穂木も使えます。

　穂木を削るときは、穂木の種類や台木との角度を考えて削る角度を変えるとよいでしょう。

②台木　鉛筆の太さ以上あれば、どこにでもつげます。

※ポイント　ついだ穂木の先端の芽の位置は、外側に向けることが大切です。

さし木

●3月に休眠枝ざししたもの　5月に準じた手入れをします（51ページ参照）。

●緑枝ざししたもの　7月の移植後の手入れに準じます（64ページ参照）。

病害虫の防除

　コスカシバ、ハマキムシ、イラガ、モンクロシャチホコガなどの害虫や、うどんこ病、葉炭そ病に気をつけます（104～108ページ参照）。

長い穂木を使った腹つぎ

❶ 穂木の下部をカットする

●穂木の調整

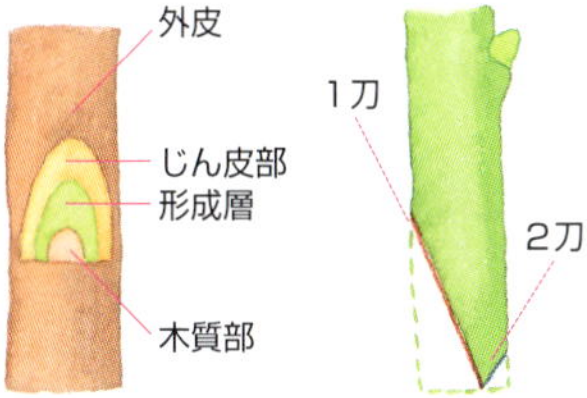

外皮
じん皮部
形成層
木質部
1刀
2刀

❷ ビニールテープ（伸縮性のあるものがよい）またはパラフィンで切り口以外の穂木全体をカバーする

❸ 台木の側面にわずかに木質部にかかるように切り込みを入れる

❹ 枝の向きを考え、必要なら角度をつける

❺ つぎ穂を差し込む

❻ ビニールテープで根元をしっかりと巻く

短い穂木を使った腹つぎ

❶ 1～2芽をつけた短い穂木をつくる

❷ 台木にさし込む

❸ ついだあとで、穂木全体をビニールテープで巻き、台木に固定する

10月

秋冷の候とはいえ、昼間は天気がよく、気温も比較的高いので、ウメの木にとっては養分の貯蔵に最後の追い込みをかける時期。芽は深く休眠していますが、根は伸長を続けています。

秋が深まっても、葉はまだ働いている

できるだけ遅くまで葉を残しましょう

ウメにとっては、チッ素などの肥料成分をできるだけ多く貯蔵することが、来年の開花、結実、初期生育のために必要です。そのためには、健全な葉をできるだけ遅くまでつけておくことが大切です。

庭植えの管理・作業

水やり　不要です。

肥料　施しません。

整枝　特に行うことはありません。

植えつけ　一般には11月ですが、苗木や幼木は落葉すれば行ってもよいでしょう。

掘り上げ、移植　行いません。なお、寒冷地の場合、植えつけや移植は春に行うのが無難ですが、今月行うことも可能です（15ページ参照）。

鉢植えの管理・作業

置き場　日のよく当たるところに置きます。

水やり　鉢土の表面が白っぽくなって乾いたら与えます。

肥料　9月の下旬に施してあれば不要です。

整枝

●針金の除去　9月同様、幹や枝に食い込む前に取り外します。

植え替え　この時期の植え替えは、切った根もよく再生するので一つの適期ではありますが、まだ葉をつけているので、しおれさせる危険性もあります。どちらかといえば、春になって、花後に植え替えたほうがよいでしょう。

繁殖

タネから育てる苗

●前年11月にまいたもの　枝の遅伸びを防ぐため、施肥は行いません。

つぎ木

●腹つぎ　9月に引き続き、今月の中旬までは腹つぎの適期です（77ページ参照）。

さし木

●3月に休眠枝ざし・夏に緑枝ざししたもの

乾燥にだけ気をつけます。

病害虫の防除

コスカシバの発生が中旬ごろまで続きます（104ページ参照）。

11月

気温はいちだんと下がり、平年では下旬に初霜が降ります。葉は次第に黄化して落葉を始め、下旬から散り始めます。落葉は木によって差があり、鉢植えの樹勢の弱いものなどは早く、庭植えの樹勢の強い幼木などは遅くまで葉をつけています。

11月中旬の黄葉

葉が色づく季節です

黄葉し始めたウメは、今月下旬から12月の上旬に葉を散らします。近年は温暖化の影響か、ウメの木も落葉の時期が遅くなる傾向にあるようです。気温が下がっても、根の活動は少しずつ続いており、肥料養分も吸収しています。

今月は、新しい苗木の出回る時期でもあります。実生のタネまきを行ったり、前年にまいた実生苗の植えつけなど、将来に向けた作業もいろいろと行えます。

庭植えの管理・作業

防寒　気温が下がってくるので、寒冷地では防寒対策が必要です。主な枝幹にわらあるいは新聞紙などを厚めに巻いて防寒します。また、地面にもわらを敷いてやりましょう。

水やり　不要です。

肥料　庭のウメの施肥は、状況によってかなり違います。そばで野菜や草花を育てていて、そこに肥料を施していれば、ウメはそこから必要な養分を吸収するので、極端にいえば施肥の必要はありません。

82ページに、ごく控えめな施肥の目安をあげておきます。ただし、これでも多すぎることがありますので、ウメの生育状況を見ながら加減してください。目安として、ほとんど結実もせずに長い枝ばかりが伸びている木では肥料を控え、毎年結実が多く、短くて弱い枝しか伸びないような木では施肥量を多くします。

ウメ以外の庭木の場合、寒肥といって1月から2月に施すのが普通ですが、ウメは冬に根が伸びますし、遅い施肥は枝の徒長や生理落果の原因になりやすいので、今月の下旬に施します。

土壌改良　この時期に、多少根が切れてもかまわないので、できれば落ち葉や台所の生ゴミなどを埋めて土壌改良を行います。

土壌改良

1年に2〜3か所ずつ、場所を変えて穴を掘る。木が大きくなるにつれて掘る位置を幹から遠ざける。掘る際に、よほど大きな根以外は、切ってもかまわない。落ち葉や生ゴミは上からよく足で踏み込む

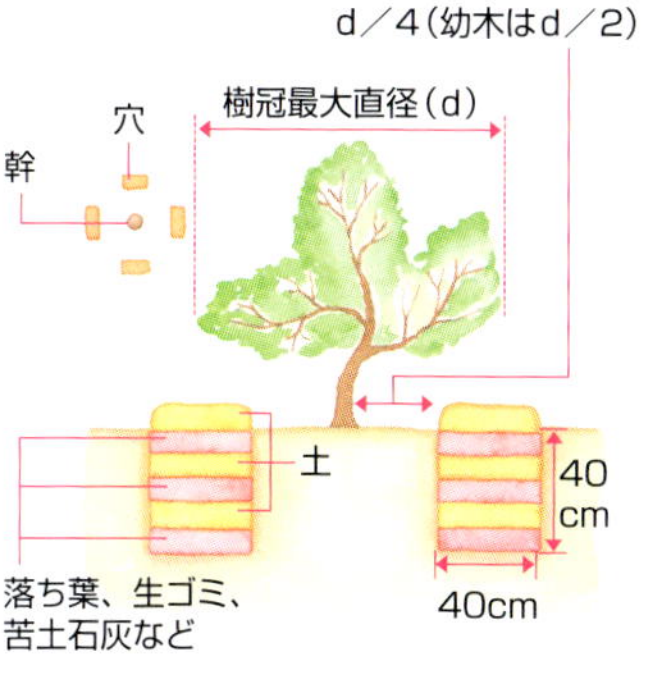

整枝

●**剪定**　一般には12月ごろからですが、葉が落ちてしまえば行えます。

植えつけ　苗木や幼木の植えつけは、これから3月いっぱいまで可能ですが、今月から12月が一番の適期です。ウメは冬でも根が伸び、早く植えるほど成長がよくなります。なお、成木に関しては、2月中旬から3月上旬まで待ちます。

●苗木・幼木の植えつけ

①植え場所　日当たり、水はけともによい場所にこしたことはありませんが、建物沿いなどの明るい日陰ならかまいません。

②植え穴の準備　庭の場合、いろいろな植物を植えてあるので、大きな穴は掘れない場合が多いのですが、85ページの図に示す程度の植え穴は掘りたいものです。もし掘れない場合は、最小限、根が重ならないように十分に広げて植え

庭植えの施肥の目安（複合肥料のグラム数を表示）　（ ）内は結実が多い場合

	木の大きさ		幹を中心とする施肥半径	施肥面積	施肥時期												年間合計
					4月		5月		6月		7月		8月		11月		
					上旬	下旬	上旬	下旬	上旬	下旬	上旬	下旬	上旬	下旬	上旬	下旬	
幼木	植えつけ後	1年目	40cm	0.5㎡		30	30	30	30	30	30	30	30	—	—	50	290
		2年目	60cm	1㎡	50	50	50	50	50	50	50	50	—	—	—	50	450
		3年目	70cm	1.5㎡	—	50	—	50	—	100	—	—	—	—	—	100	300
		4年目	100cm	3.3㎡	—	—	—	—	—	180	—	—	—	—	—	180	360
成木	樹冠最大直径				下旬		下旬		下旬						下旬		
		2m	1m	3.1㎡	(120)		(60)		90		—		—		90		180
		3m	1.5m	7.1㎡	(180)		(90)		180		—		—		180		360
		4m	2m	12.6㎡	(360)		(180)		360		—		—		360		720

●肥料はN-P-K＝6～8-6～10-8～10くらいの複合肥料（化成肥料、配合肥料など）、すなわち低濃度でチッ素（N）よりカリ（K）の比率が2～4％程度高いものを用いる。これは、ウメのカリの要求度が高いことと、6月下旬と11月下旬に施す油かす、鶏ふんにはカリ含有量が低いため。ただし、入手が難しければ、N-P-K＝8-8-8または10-10-10くらいのものでもよい。

●6月下旬と11月上旬には、表にある複合肥料の施肥量とは別に、さらに同量の油かすまたは鶏ふんを施用する。

●このほか11～2月に草木灰やわら灰、なければ苦土石灰を、1ℓ当たり50g程度施す。

ます。

③苗木の準備　つぎ木1年生苗は、まっすぐ1本に伸びているので、これを70～80㎝の長さに切ります。根が水ゴケなどで包まれている場合は取り去り、太い根の先端はハサミでなめらかに切り戻します。なお、つぎ木部にビニールテープが巻いてあればそれも取ります。

④植えつけ　入手してすぐに植えつける場合は、根を2～3時間水あげしてから植えます。大切なことは、植えつけ準備中に根を乾かさないこ

苗木・幼木の植えつけ

根の水ゴケなどを取り去り、つぎ木部のビニールテープなども外す

元肥を入れて土を少し戻し、支柱を立ててから苗を置く。根はそれぞれの方向によく伸ばす

新聞紙などで防寒をする

根元に盛り土をする

●成木の施肥面積の計算

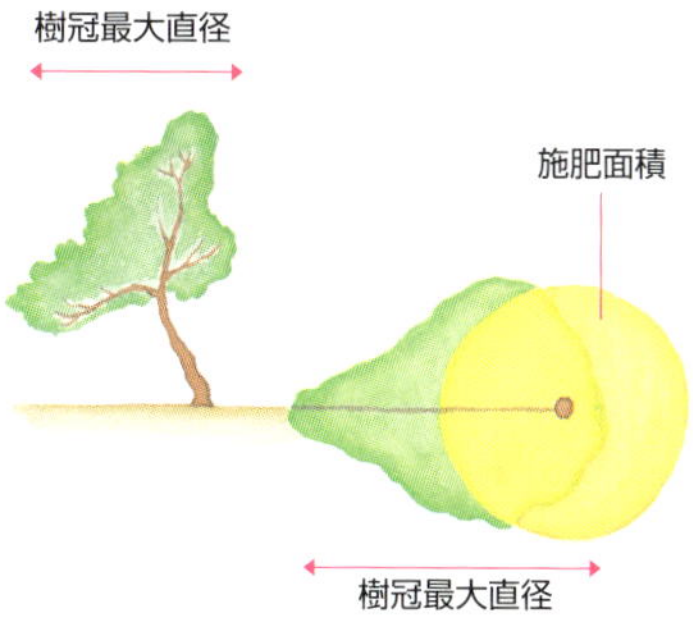

樹冠最大直径の½を施肥半径とし、幹を中心に円を描いて施肥面積とする。塀や建物などがあって円状に散布できないときは、その分だけ他方向へ広く散布する

とです。

植えつけは、まず元肥を入れて土を少し戻し、立てた支柱に沿って苗を置き、根はそれぞれの方向によく伸ばし、つぎ木部が埋まらない程度の深さに植えたあと、たっぷりと灌水します。

⑤防寒（盛り土）　寒さと乾燥を防ぐために、根元に盛り土をします。

掘り上げ、移植　植えつけに準じます。

鉢植えの管理・作業

置き場　10月に引き続き日の当たる場所に置きます。

水やり　鉢土の表面が白っぽくなって乾いたら与えます。

肥料　施しません。

整枝　普通は花後に行いますが、観賞上、不都合な枝があれば、今のうちにおおまかに切っておきます。

植え替え　行いません。

繁殖

タネから育てる苗

●タネまき　品種にもよりますが、ウメのタネは、吸水して十分にふくらんだ状態で、6～7℃以下の低温に1～2か月さらされないと発芽しません。そのため、気温が下がってくる今月にタネをまいておきます。

①まき場所　日当たりがよく、水はけのよい土壌を選び、よく耕して整地しておきます。鉢や箱などにまく場合は、例えば粗い砂と畑土を半々に混ぜた程度の、特に水はけのよい土を用います。

②タネの処理　貯蔵してあったタネ（63ページ参照）を取り出し、一～二昼夜水につけて十分

苗木購入のポイント

新しい苗木は11月ごろから出回ります。庭植えにするならできれば年内、遅くとも2月までに植えつけます。

花ウメの鉢植え苗は、花を見て、品種を確認して求めるのが無難でしょう。店頭には売れ残った1年生苗が園芸店にそのままポット植えで置かれるものと、業者がきちんと管理した2年生苗があります。前者は弱ったり、病気や虫のついた苗も多いので注意が必要です。

●どこで求めるか

園芸店、種苗会社の通信販売、苗木生産者などから入手します。花が気に入って品種を問わないなら別ですが、できるだけ信用のあるところで購入するのがよいでしょう。ことに実ウメは、結実に関係してくるので、はっきりと品種を指定することが大切です（121ページを参照）。

●どんな苗がよいか

つぎ木1年生苗の場合は、大きくて、節間が詰まって充実しており、樹皮につやのあるものがよいでしょう。つぎ木部がよく活着していることも大切です。鉢植えにする場合は、つぎ木部ができるだけ低い苗を選びます。もちろん、病害虫の出ている苗は避けます。根は包んであったり、鉢植えになっていることが多く調べにくいのですが、細根が多い苗が優良です。

切り込んで、2〜3年鉢で仕立てた苗の場合は、これからの整枝に都合のよい枝ぶりのものを選びましょう。

●苗木の植え方

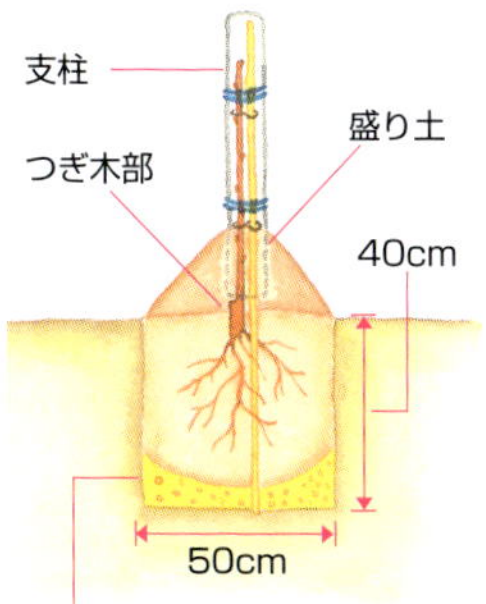

化成肥料50〜100gとピートモス、腐葉土、完熟堆肥などのうちいずれかを少々、根から5〜10cmくらい離れたところに入れて土とよく混ぜる

吸水させておきます。

③タネをまく　まく量が多い場合は、高さ10cm程度のまき床をつくって2～3cm間隔にまきます。2～3cmの厚さに覆土をして灌水し、上に落ち葉やわらなどを1cmぐらいの厚さにかけ、霜柱や乾燥を防ぎます。

鉢や箱にまく場合は、鉢穴を鉢かけなどでふさぎ、ゴロ土（粒径1.5cmぐらい）を鉢の深さの1/5まで入れ、さらに用土を入れ、2～3cm間隔にタネをまき、2～3cm覆土をし、灌水をしてわらやもみ殻を1cmの厚さにかけておきます。なお、鉢の場合は、タネをまいた土が凍らないように日当たりのよい場所に鉢縁まで埋めておくとよいでしょう。

いずれの場合も乾燥に気をつけ、表土が白く乾燥するようなら、暖かい日を選んで灌水します。

●前年11月にまいたもの　翌春につぎ木の台木に用いる場合は、下旬に掘り上げます。

一端掘り上げて、ついでから植えつける揚げつぎを行う予定ならば、とりあえず仮植えしておきます（87ページ参照）。

鉢植え用の苗木にする場合は、低い位置につげるので、揚げつぎにするとよいでしょう。

なお、居つぎ（台木を掘り上げずにつぎ木を

タネのまき方

鉢まき

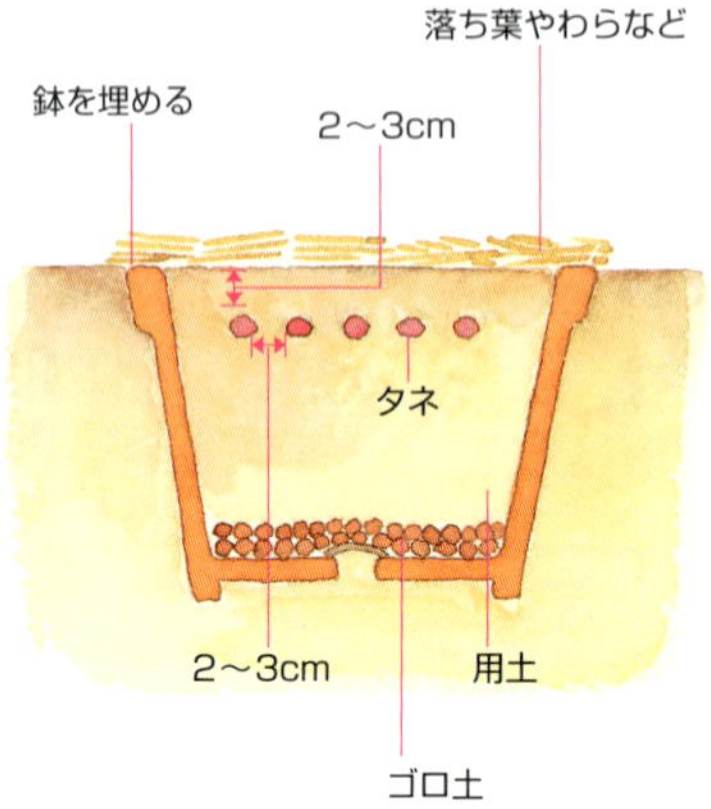

落ち葉やわらなど
鉢を埋める
2～3cm
タネ
2～3cm
用土
ゴロ土

行うつぎ方）を行う場合は、直根を中心に根を一部切って、15㎝間隔にすぐ植えつけます。植えつけ方は、苗木・幼木の植えつけに準じます（83ページ参照）。

この時期に掘り上げて仮植えしておくと、根張りはもちろん、台木とつぎ木の活着がよくなり、ひいては苗木の育ちがよくなります。

以降は乾燥に気をつけて管理します。肥料は必要ありません。

なお、育ちが悪く、来春台木として使えそうにないものは、もう1年肥培してから用います。この場合、地上部も根も、台木用の仮植えに準じて切り、1㎡当たり化成肥料（N-P-K＝各8～10％）50gをまいて、20㎝の深さによく耕してから、15㎝間隔に植えておきます。春からの手入れは、新しくまいた実生苗の手入れに準じます。

タネから育てた苗の準備

台木を掘り上げない居つぎの苗木にする場合は、すぐに植えつけてよい

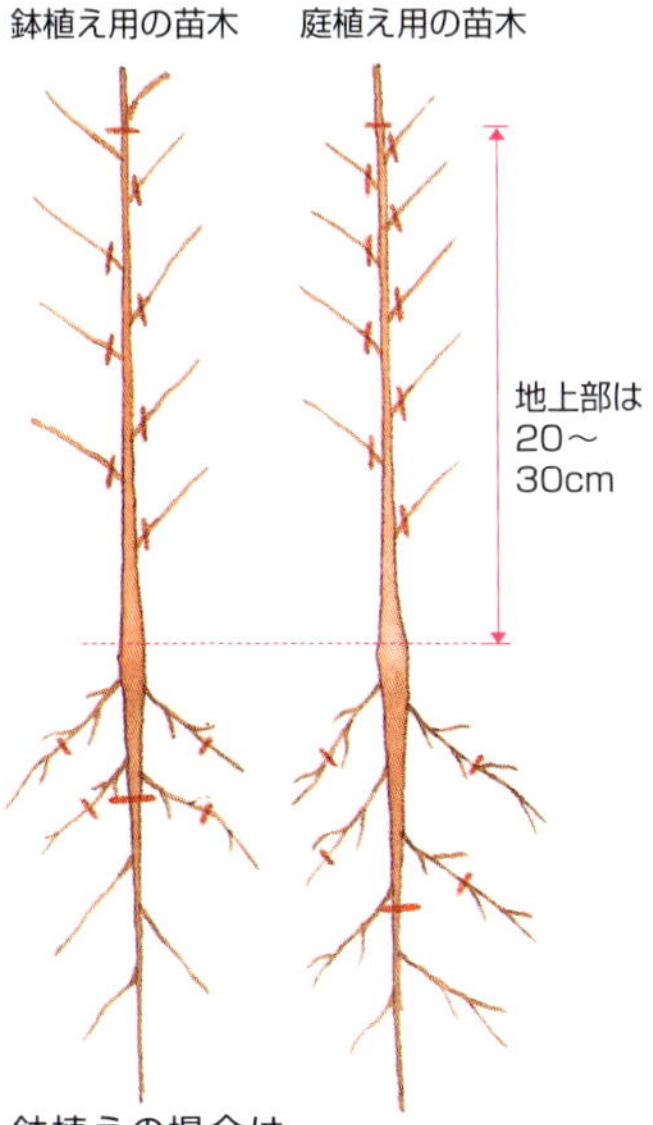
鉢植え用の苗木
庭植え用の苗木
地上部は
20～
30cm

鉢植えの場合は、根（特に太い根）を短く切っておく

タネから育てた苗の仮植え

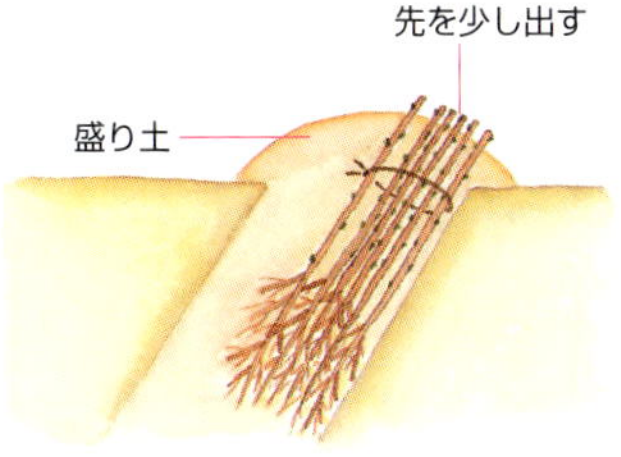
先を少し出す
盛り土

つぎ木

●7月に呼びつぎしたもの　下旬ごろ、少しビニールを開いてみて、組織が盛り上がっていれば活着しています。穂木にした木を親木から切り離します。

切り取った切り口につぎロウか接着剤などを塗り、切断面からの乾燥を防ぎます。活着が十分でないようなら、翌夏までそのままにしておきます。

●つぎ木苗の掘り上げ　今春ついだ苗や前年の秋に芽つぎした苗など、でき上がった苗木で仮植えしてあるものは、中旬から下旬にかけて掘り上げます。

庭植え、鉢植えともに、でき上がった苗木の管理は、購入した苗木の管理に準じます（85ページ参照）。

さし木

●3月に休眠枝ざししたもの　下旬に鉢から抜いて、苗を1本ずつに分けます。庭に植えて肥培するものは、すぐに植えつけます。その後の管理は1〜2年生の幼木に準じて行います。

翌年3月に台木としてつぎ木に使うものや、鉢植えにするものはその時期まで仮植えしておきます。鉢植えにするものは3月以降、幼木の管理に準じます。

また、休眠枝ざしでまだ苗が細いものはさらにもう1年、1〜2年生の幼木に準じて肥培管理を行います。植え場所には1㎡当たり化成肥料（N-P-K=各8〜10%）100gを施してよく耕し、整地して植えつけます。地面がなければ鉢に植えます。鉢植えの植えつけに準じて行ってください（27ページ参照）。

●夏に緑枝ざししたもの　前述の休眠枝ざしの

さし木苗の仮植え

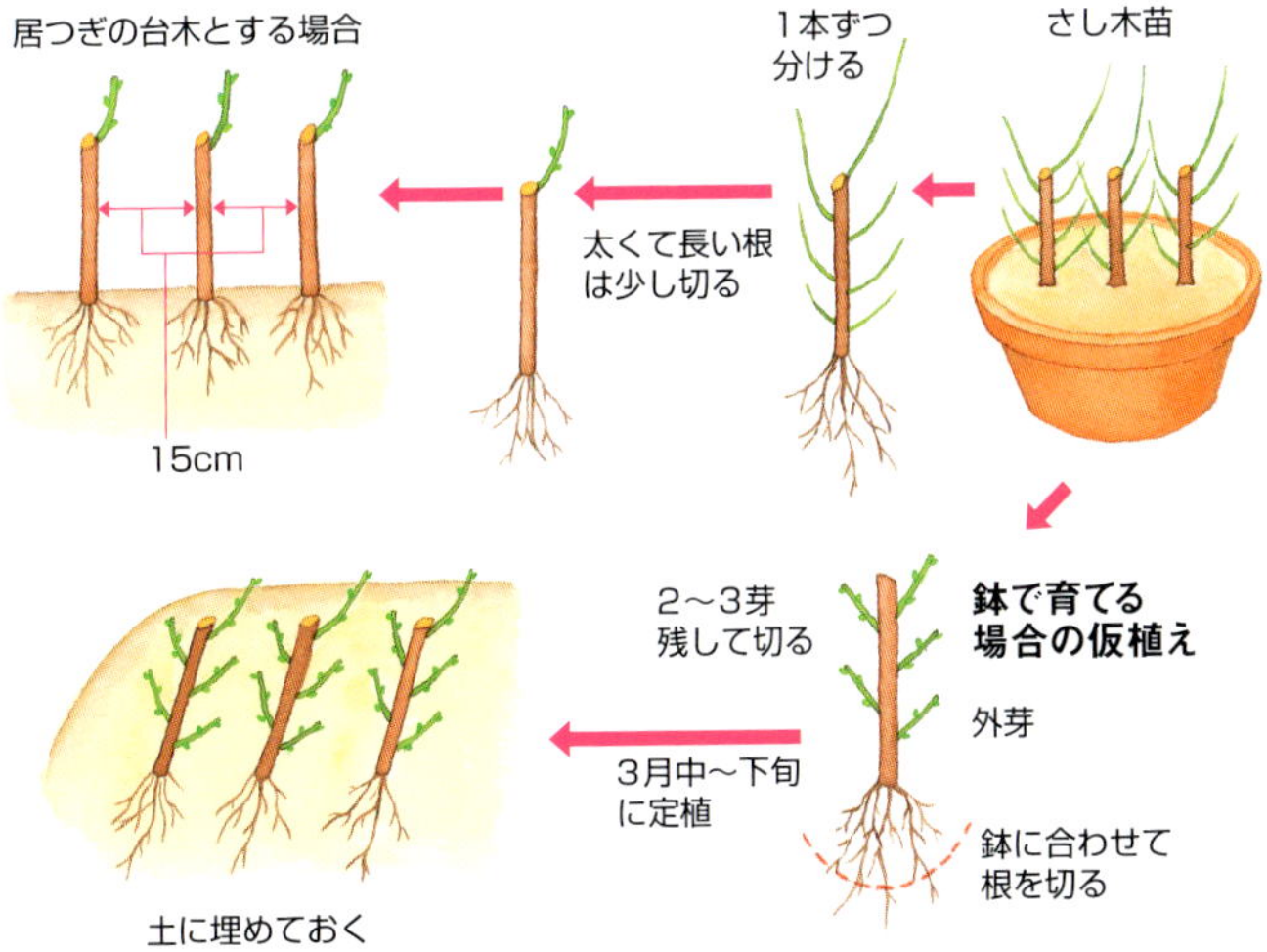
さし木苗
1本ずつ
分ける
太くて長い根
は少し切る
居つぎの台木とする場合
15cm
鉢で育てる
場合の仮植え
2〜3芽
残して切る
外芽
鉢に合わせて
根を切る
3月中〜下旬
に定植
土に埋めておく

苗の細いものと同様に、翌年11月まで肥培管理を続けます。

病害虫の防除

カイガラムシが特に多ければ、中旬にマシン油乳剤６％液を散布します。薬害が出やすいので、発生が多い枝にだけ、部分散布をしてください（106ページ参照）。

とり木の切り離し

11月は、6月にとり木したものを切り離す時期です（59ページ参照）。根さえ出ていれば、落葉したあとよりも、緑の葉がいくらかついているときに作業をするほうがよいでしょう。

水ゴケの表面に根がたくさん出ていれば、水ゴケを包んでいたビニールをとり、根を切らないように注意して親木から切り離し、鉢または庭に植えます。

なお、発根量が少なければ、再びビニールで包み直し、以降も乾燥しないように注意します。まったく根が出ていなければ、失敗とみなし、翌年の6月に再挑戦してみてください。

植えつけるとき葉が多ければ、できるだけ緑の濃い葉だけを2～3枚残し、あとは取り除いて植えつけます。植えつけ後に晴天が続くようなら、ときどき水をやります。

また、苗の大きさにもよりますが、ぐらぐらするようなら支柱を添えてやります。

とり木の切り離し方

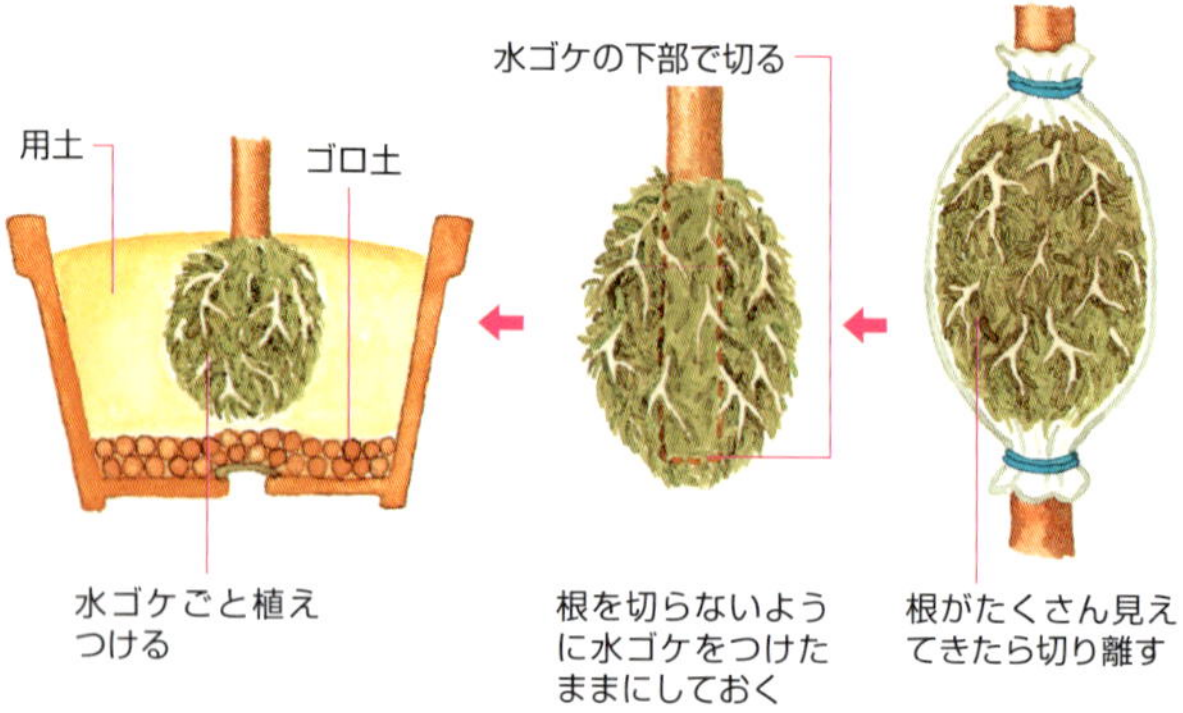
根がたくさん見えてきたら切り離す
水ゴケの下部で切る
根を切らないように水ゴケをつけたままにしておく
用土
ゴロ土
水ゴケごと植えつける

12月

木枯らしに枯れ葉の舞う季節。ウメの落葉も上旬にはほぼ終了し、早くも花芽が肥大を始めています。品種によっては、花が見られるものもあります。楽しみな季節の到来です。

開花を控えて肥大し始めた花芽

早咲きの品種がほころび始めます

早咲きの品種では、早くも12月の初旬には休眠が破れて花芽が動き始めます。あとは気温しだいで早く咲いたり、遅く咲いたりします。最も早咲きのものでは、平年では中旬に花を見ることもあるほどです。

気温が低くても、根は活動しており、養分も吸収されています。

庭植えの管理・作業

防寒　特に必要ありません。

水やり　ほとんど不要ですが、半月以上晴天が続き、土壌が乾くようなら灌水します。実ウメでは特に乾燥させないように気をつけます。

肥料　11月に施していない場合はできるだけ早く施します（82ページ参照）。

整枝

●剪定　冬の剪定の適期は11月下旬から12月中旬ですが、葉芽のふくらむ3月中旬までの間なら、いつでも可能です。むしろ、花ウメの場合は少しでも多くの花を楽しみたい場合には、花後の剪定のほうがよいでしょう。長い枝では花芽は枝先に多くつき、開花も短い枝より遅いので、花後に行えばたくさんの花を、長く楽しむことができます。その場合、今はとりあえず花の観賞上見苦しい枝だけを整えておくにとどめます（95ページ参照）。

植えつけ　11月に準じます（82ページ参照）。

掘り上げ、移植　11月同様、植えつけに準じます（82ページ参照）。

鉢植えの管理・作業

置き場　11月上旬までに2～3回、霜に当ててから、寒風が当たらず、鉢土が凍らないような場所に置きます。といっても、土の表面が少々凍るくらいならかまいません。

　鉢数が少なければ、日だまりの軒下へ鉢ごと埋めて、寒い夜だけ覆いをするとか、暖房のない部屋の窓辺に置いたりします。鉢数が多い場合は、スペースが許せば無暖房のフレームや保護室に入れて夜だけは窓を閉め、地域によってはフレームでは寒い夜はこもをかけます。

　暖かい地方では、日当たりのよい軒下に置くか、簡単によしずで霜よけする程度で結構です。落葉しているときは、それほど光線を必要としないので、いずれの場合も置き場は夏場の⅓以下の面積ですみます。

また、玄関や軒下以外の直接観賞できないところに置いてあるものは、花が咲き始めたら玄関先などへ取り込んで観賞します。もし、室内に取り込むならば、できるだけ冷たい部屋で観賞します。寒さに耐えて咲く花の凛とした姿をじっくりと観賞するのが、ウメの魅力というものです。とはいえ、鉢が凍りつくほど寒いところに置くと花が傷むので注意してください。日光を当てる必要はありません。

空気の乾燥にも弱いので、ときどき霧吹きで水を与えます。

防寒　鉢植えのものは、気温の低下とともに鉢内の温度も下がることになり、鉢土が凍り、寒風にさらされると寒害を受けます。小さな鉢や盆栽などの浅い鉢ほど被害が大きくなります。防寒をしないと花が寒さで傷んだり、蕾がまともに開かなかったり、枝が枯れることすらあります。また、凍って鉢が割れることも多くなります。

こうした事態の予防には、２〜３回霜に当ててから、フレームあるいは無暖房の室内の窓辺などに置くか、開花まで鉢を土に埋めておきます。マイナス２〜マイナス３℃の低温がたまにくる程度の地方では、日だまりの軒下で十分です。

水やり　鉢土の表面が白っぽくなって乾いてきたら与えます。花芽の発育具合、置き場所によって乾き方が違ってくるので注意が必要です。芽がふくらみつつあるものや暖かい場所に置いてあるものほどよく乾きます。

肥料　施しません。

整枝　行いません。

植え替え　行いません。

繁殖

タネから育てる苗

●前年11月にまいたもの　苗を掘り上げて仮植えしていない場合は、至急行います（86ページ参照）。

すでに仮植えしたものは、乾燥しないように気をつけ、乾くようなら灌水します。

さし木

●さし木苗の管理　3月につぎ木をするために掘り上げた苗も、さらにもう1年肥培する苗も、霜柱や乾燥に気をつけて管理します。

病害虫の防除

越冬病害虫の防除　落ち葉を掃除したり、越冬している害虫の卵などを捕殺したりしておくことも、翌年の発生防止に効果があります。

整枝・剪定の基本

冬と夏の剪定があります

ウメは、切られることによく耐える樹木です。枝の各節には、たいてい葉芽をもっており、そのうえ、古い枝に隠れた芽（潜芽）もよく発芽するので、切ることによって枝が自由につくれ、整枝は容易です。

また、ウメは短果枝（長さ10㎝以下の枝）によい花をつけ、結実もよいので、うまく剪定を行って、短果枝を多くつくることが大切です。

剪定には冬の剪定と夏の剪定があります。ふつう、剪定といえば冬の剪定を指します。しかし、芽かきや摘心、夏の剪定などを一切行わないで、冬の剪定だけを行っていると、樹勢の強い木では徒長枝ばかり伸びて、花つきが悪くなります。あるいは、花はついてもよい花がつかず、結実が悪くなります。したがって、芽かきや摘心、夏の剪定もあわせて行うようにしてください（61ページ参照）。

ちなみに、冬の剪定といっても、早春に花を咲かせるウメのこと。せっかく美しい花を咲か

強い剪定を行わず、樹勢の落ち着いた木。短果枝がよくついている

切りすぎた例。毎年機械的に短く切るだけでは、花つきが悪く、実ウメもほとんど結実しなくなる

せようとしている枝を、開花の前に切ってしまうのはいかにも惜しいものです。暮れごろに剪定を行うなら、おおまかに見苦しい枝を整えるだけにとどめ、花が終わって、芽が伸び始めるころに、改めて本格的な剪定を行うほうがよいでしょう。ただし、新芽を食害するウメスカシクロハには気をつけなければなりません（105ページ参照）。

庭植えの剪定

●剪定の手順　木の大きさや樹形、隣の木との関係を見て、大きすぎれば切り縮めます。さらに1本の木全体の枝ぶりを考えます（99ページ参照）。大事なことは、切る前にひも（シュロ縄が使いやすい）で向きや角度を調整することです。どう調整してもおさまらなければ、そこではじめて不要な枝として切除すればよいのです。

枝の誘引

ひもで誘引

誘引した枝の切り返し

細部の剪定では、徒長枝あるいは強い枝、衰弱した枝などを中心に不要な枝を間引き、次いで、残った徒長枝やそのほかの長い枝を20㎝ぐらいに切ります。特に樹形を重視する場合は、15㎝ぐらいに短く切ってもよいでしょう。木をもっと大きくしたい場合は、主枝や副主枝の先端の枝を30～40㎝ぐらいに長めに切ります。

●徒長枝の剪定　芽かきや摘心を行っていれば、徒長枝はありません。しかし、芽かきや摘心を行っていない場合は、樹勢が強いと徒長枝がよく出るので剪定します。

まず、幹や太い枝から直接伸びた徒長枝を中心に、不要なものを間引きます。幹から出た徒長枝でも、枝をつくりたい場合は残して利用します。その場合には、できるだけ発生角度の広いものを残します。角度の狭いものしかなければ、枝の基部に切れ目を入れたり、ひもで誘引したりして角度を広げます。

そのほかの徒長枝のうち、枝の更新や拡張に必要なものは、ふつう20cmぐらい、場合によっては40cmぐらいに切り返します。

剪定する前の徒長枝

なお、実ウメで樹形よりも実をとることを優先するなら、徒長枝が伸びすぎて結実が悪い木は長めに切り返すか、いっそ切り返さないでそのままにしておくと、よい短果枝がつきます。

庭植えの剪定例

剪定前

枯れ枝、徒長枝、そのほかの不要枝を除く

長枝を切り返す

剪定後

●長い枝の発生を防ぐには　まずは芽かき、摘心などを行うことですが、冬の剪定では、強い枝を努めて残さないようにします。

残して利用する枝

●剪定の程度　庭植えのウメは観賞上、幹の足元が見えるのはかまいませんが、上部の枝幹が見えるほど小枝を切りすぎるのはよくありません。やたらと込み合わない程度が目安で、枝幹はできるだけ葉のつく小枝で覆われているようにすることが必要です。

なお、幼木の場合は、いずれの場合も枝を短く切り詰めないよう、切り返しよりも間引き剪定を中心に行います。

●鉢植えの剪定　花後に行います。植え替えをした場合は、植え替えのあとで行うとよいでしょう（21ページ参照）。

花後に行う庭植えの剪定

花が終わったところ。前もって暮れの剪定で、見苦しい枝は切ってある

花後、芽が伸び始めるころに行うと、葉芽が確認しやすい

高枝バサミなどで枝を切り詰める

剪定後。極端に小枝を少なくしすぎないことが大切

庭植えの仕立て方

庭の場所に合った樹形をつくることが大切。一般的には斜幹形、変則主幹形、自然形などの樹形が多い。庭では実ウメ、花ウメの区別をしないことが多いが、広い場所にたくさん植えて実をとることに専念したい場合は、果樹園のように開心自然形、変則主幹形などにすることもある

●斜幹形

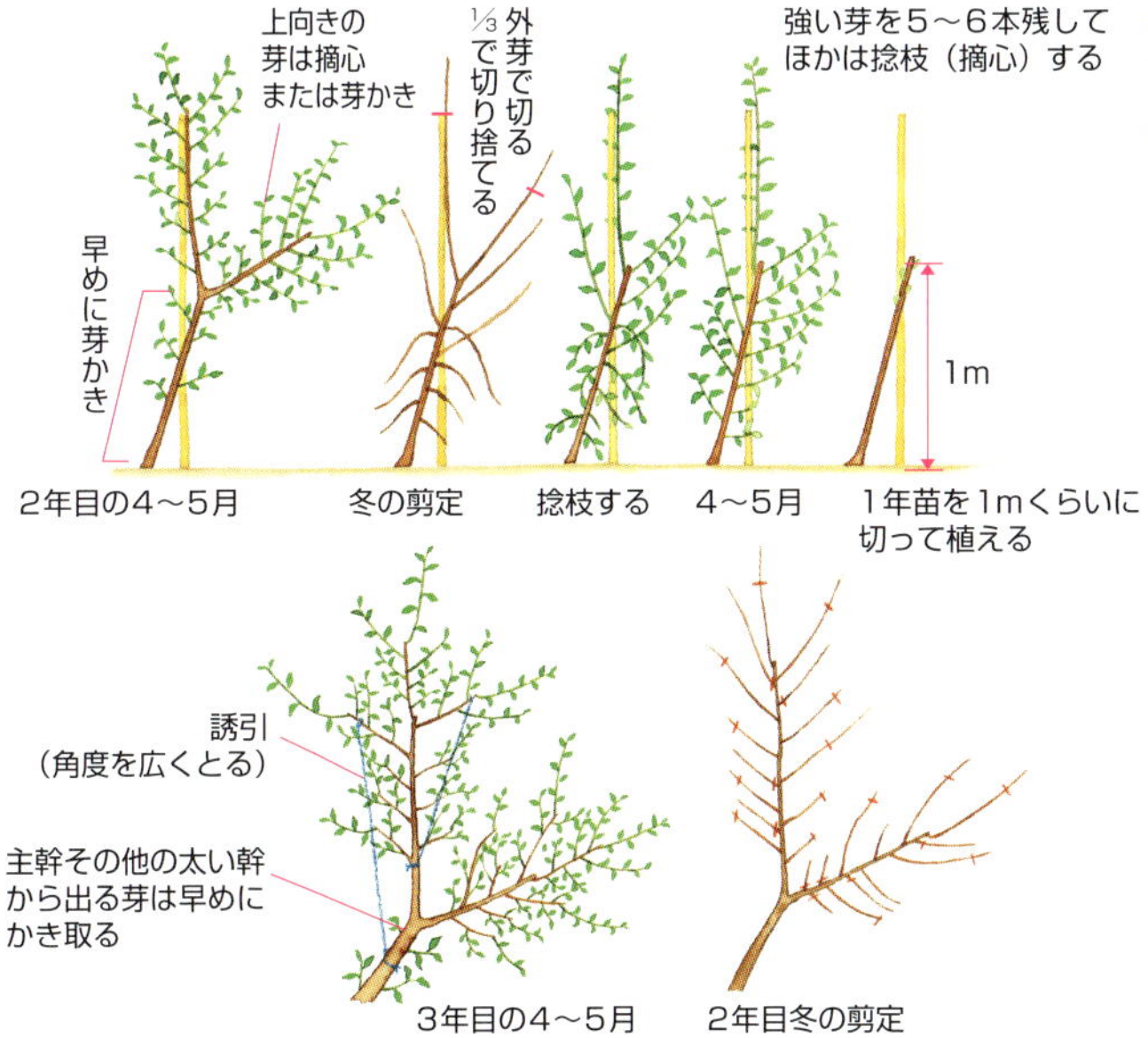

上向きの芽は摘心または芽かき
早めに芽かき
2年目の4～5月
外芽で切る
⅓で切り捨てる
冬の剪定
捻枝する
4～5月
強い芽を5～6本残してほかは捻枝（摘心）する
1m
1年苗を1mくらいに切って植える
誘引（角度を広くとる）
主幹その他の太い幹から出る芽は早めにかき取る
3年目の4～5月
2年目冬の剪定

●変則主幹形

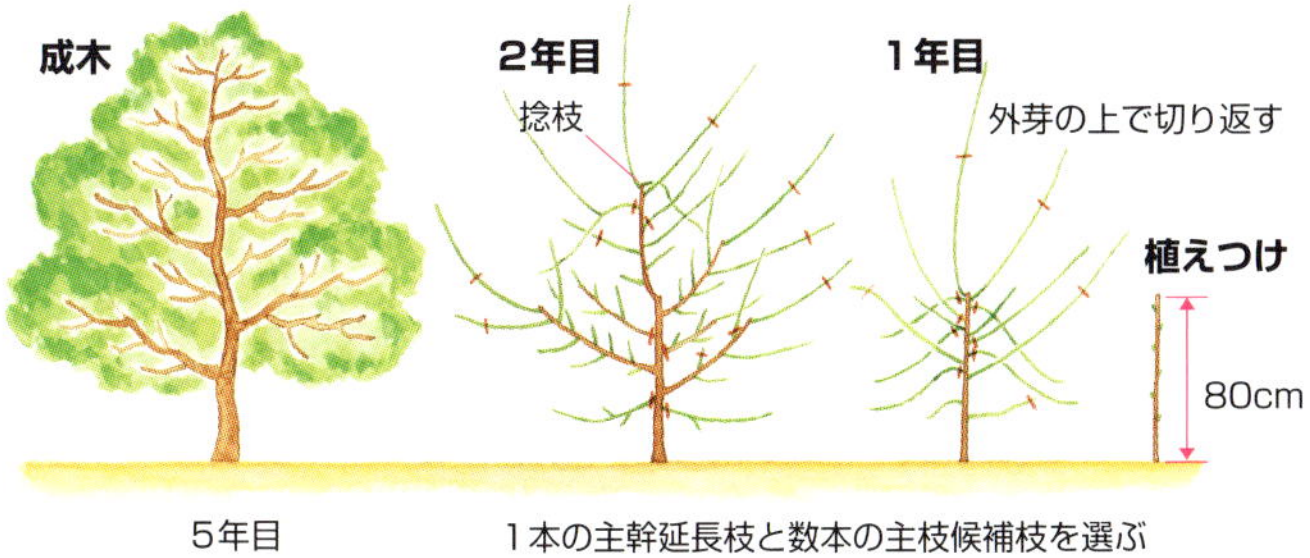

成木
2年目
捻枝
1年目
外芽の上で切り返す
植えつけ
80cm
5年目
1本の主幹延長枝と数本の主枝候補枝を選ぶ

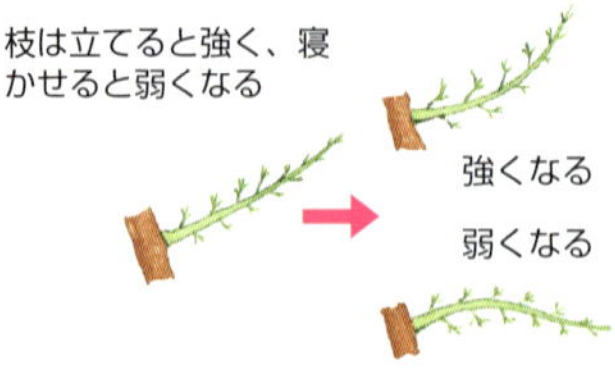
枝は立てると強く、寝かせると弱くなる
強くなる
弱くなる

樹形を整えるコツ

伸びるにつれて枝のつけ根からだんだんと水平に伸ばしていく。枝を大きくしたい場合は必ず先端を立てる

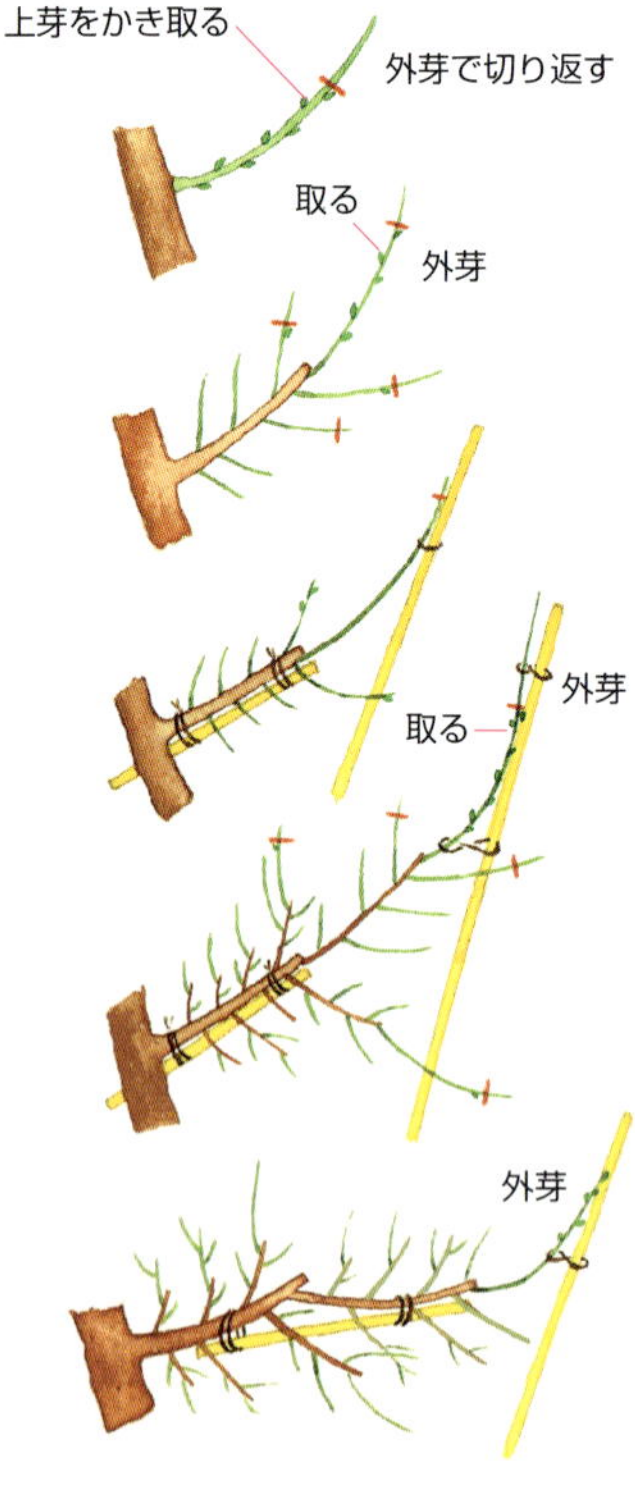
上芽をかき取る
外芽で切り返す
取る
外芽
外芽
取る
外芽

車枝

どんな樹形にする場合も、1～数本の立ち枝を除いて、枝はできるだけ角度を広くとり、水平ないしは垂れ気味に伸ばす。また、上の枝ほど短くする

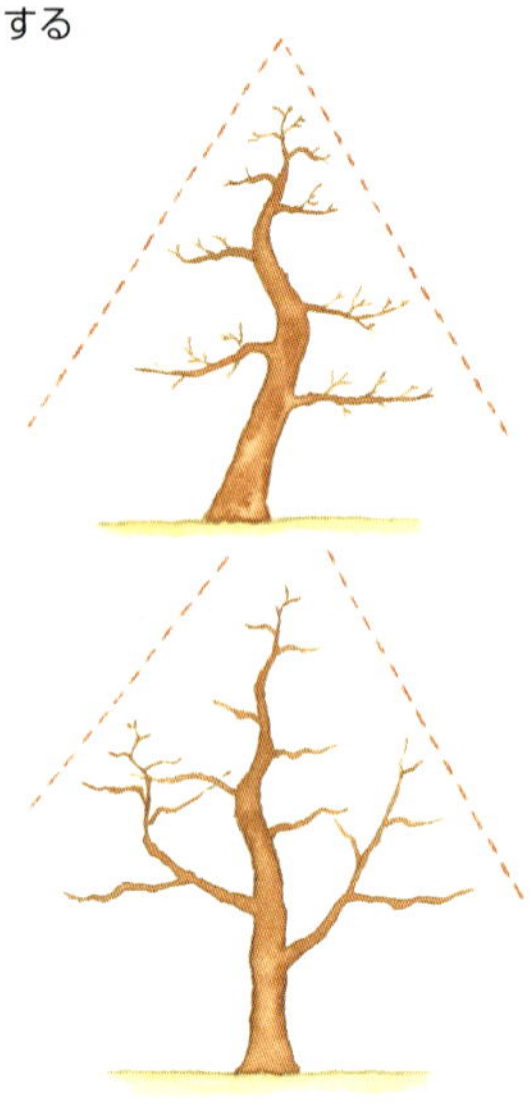

整枝の基本（庭植え、鉢植え共通）

●上部の枝ほど短くする　樹冠内部まで採光をよくするには、ピラミッドを描くつもりで上部の枝ほど短くします。

●重なり枝をつくらない　枝ができるだけ重ならないようにします。

●枝の強さは角度で調節する　強くしたいときは立たせ、弱くしたいときは寝かせます。

●車枝をつくらない　１か所から３本以上枝が伸びているものを車枝といい、枝が裂けやすくなるなどいろいろ不都合です。

●交差枝をつくらない　交差枝はなるべく一方を切り落とします。

●枝は水平気味に　１本ないし数本の立ち枝以外は、枝を水平気味に伸ばします。枝の発生角度は広くとり、先端部分は立たせ、伸ばしながら寝かせていきます。この場合、枝の伸長部分は必ず外芽で切り返します。

剪定の基本（庭植え、鉢植え共通）

●間引き剪定と切り返し剪定　枝の分岐点から切るのを間引き剪定、途中から切るのを切り返し剪定といいます。切り返し剪定は、剪定後、新梢が強く伸びやすく、樹勢が強すぎても弱すぎても困るので、若木では間引き剪定を、老木では切り返し剪定を中心に行います。

切り返し剪定と間引き剪定

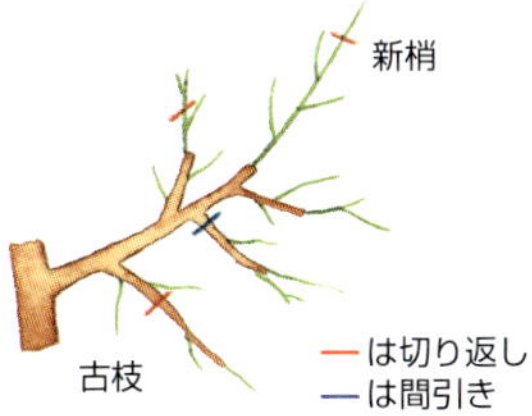
新梢
古枝
―は切り返し
―は間引き

●切り返しのポイント

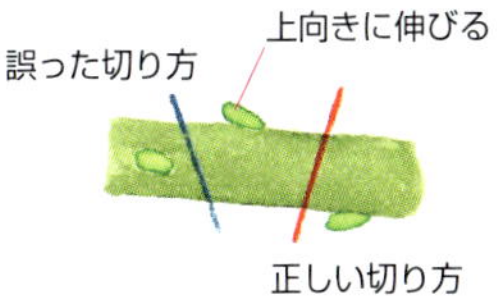
上向きに伸びる
誤った切り方
正しい切り方

●枝の切り方　枝の切り方は下図の要領で行います。ただし、幹の姿を重視する庭植えでは、太枝は少し長めに切り直し、わざと幹をごつごつさせるのも一つの仕立て方です。

●切り返す位置　若枝を切り返す場合、原則として外側に向いた芽（外芽）で切り返します。主要枝の伸長にとっては特に大切です。ただし、整枝上、枝の向きを変えたいときなどは、内向きの芽（内芽）で切り返す場合もあります。

正しい切り返し

誤った切り方

切り返す芽の位置

●普通のウメ

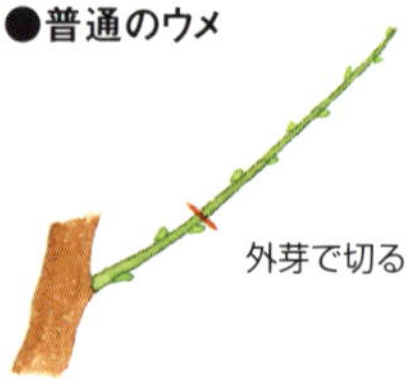
外芽で切る

●枝垂れウメ

上向きの外芽で切る

太枝の切り方

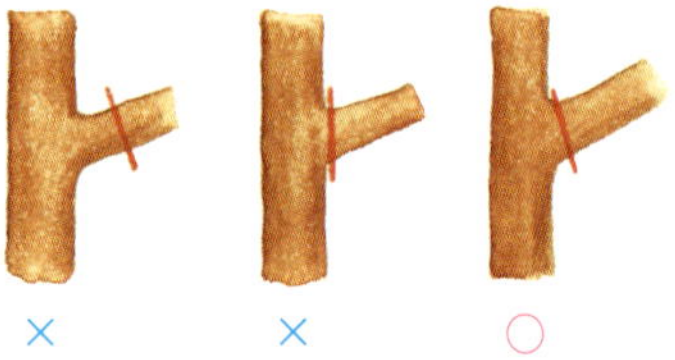
×
×
○

小枝の切り方

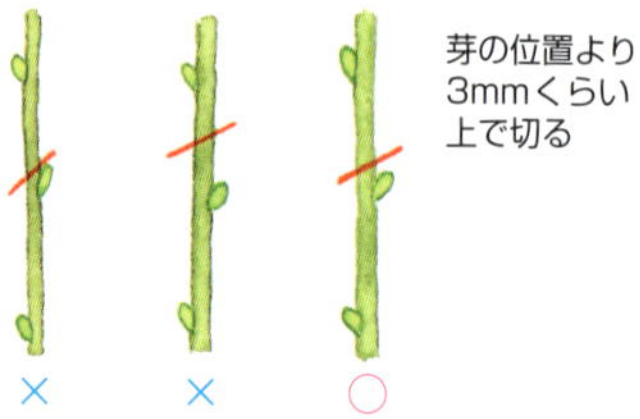
芽の位置より3mmくらい上で切る
×
×
○

更新剪定

日ごろ枝の手入れをしないために、枝が上にばかり伸びて背が高くなり、枝ばかり多くなって管理に困る場合、思いきって強い剪定をして、樹形をつくり直します。このような剪定を更新剪定といいます。

まずは、冬の剪定で今ある太い枝を生かし、都合のよい樹形になるように、立ち枝を中心に不要なものを思いきって間引き、残った太枝も切り詰めます。

次に5月ごろ、新芽が30〜40㎝くらいに伸びたとき、長い芽を中心に込んだ芽を間引きます。残した芽は30㎝くらいに摘心、立ち気味の芽は捻枝も行って、小枝をコンパクトにつくっていきます。

以降は普通の木の整枝に準じますが、摘心などを中心に、4月から7月の夏場の枝の手入れが大切です。

切る
●剪定前

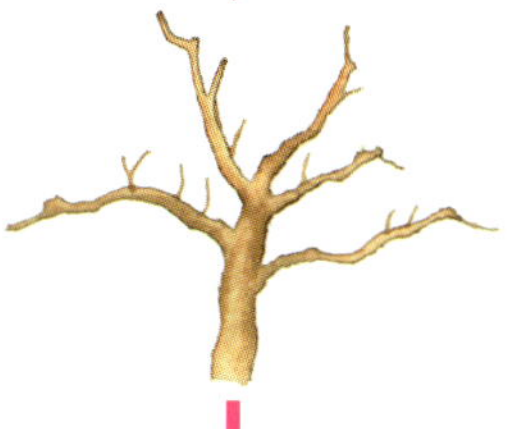
●冬の剪定後

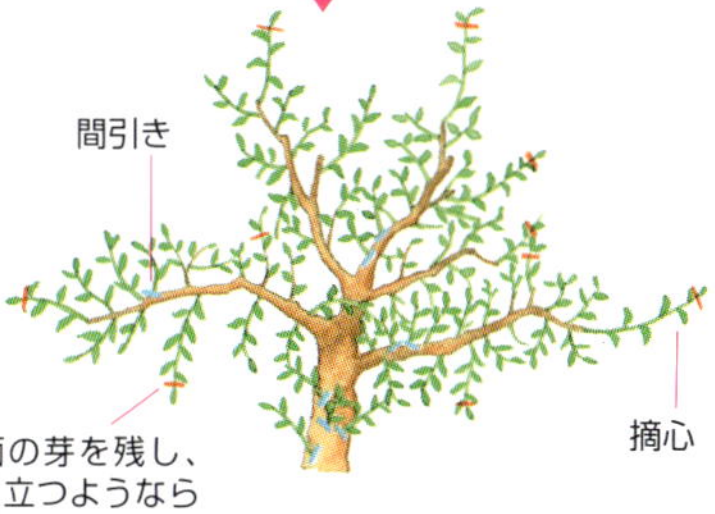
間引き
側面の芽を残し、強く立つようなら捻枝し、垂らす
摘心
●5月の間引き、摘心、捻枝

病害虫とその防除

本来ウメは丈夫な樹木ですから、病害虫についてそれほど気にしなくても、順調に生育します。それでも気になるときや、手をかけて大切に育てたい方のために、注意したい病害虫とその対処法をまとめました。

なお、薬剤を使用する場合は、定められた使用法、使用量などを必ず守ってください。

●コスカシバ　注意する時期　幼虫　3～10月

春に、越冬していた幼虫が活動を始めます。樹皮の割れ目などに出す茶色の小さいふんを目印に、釘などで樹皮を少しめくって殺したり、上から木づちで軽くたたいて圧死させます。

また、最も羽化が多い9月上旬から10月上旬に幼虫も多くなります。休眠期にガットキラー乳剤を使用します。

●アブラムシ　注意する時期　4～5月

ウメには数種類のアブラムシがつきますが、5月中旬には、ほとんどのアブラムシはつかなくなります。ただ、ウメクビレアブラムシ、モモアカアブラムシなど、葉を巻くタイプには注意します。防除には、4月上旬ごろにマラソン乳剤やスミチオン乳剤、または、モスピラン液剤500倍液などを散布します。

また、4月下旬以降にオカボノアカアブラムシなどが多く発生すると、樹勢が相当に弱り、葉や果実にすすがついてしまいます。果実をつけている場合は、収穫時期を控えているため、持続性の長い薬剤は使えません。この場合は、残効性の短い薬剤を使います。

●ウメスカシクロバ(アカハラ)

注意する時期　3～7月

この虫は、葉芽がふくらむ時期から少しずつ食害するので、発生が多いときは4月になっても芽が出ない状態になります。花後の剪定を中心に行う場合は、この防除が特に大切です。3月から7月にかけて新芽を食害します。夜間に出て食害するので姿は見えません。ほかの害虫の防除をいくらかでも行っていれば、それほど問題にはなりません。

●ウメケムシ　**注意する時期　4～5月**

オビカレハの幼虫で、新芽や葉を食害します。小さいうちは白い天幕状の巣をつくり、中に群がっています。大きくなると樹皮の割れ目や幹の根元などに隠れ、夜間出てきて葉を食べます。

巣ごと取って踏みつぶして殺すのが、最も簡単です。冬の剪定のときに、枝に産みつけられた卵塊を捕殺します。

●黒星病

注意する時期　4～5月

果実の表面を黒い斑点が覆い、見かけは悪いのですが、食味への影響はありません。

例年発生が多い場合は、4月中旬から5月下旬にかけて、オーソサイド水和剤80の800倍液やベンレート水和剤の3000倍液などを散布します。

●潰瘍病

注意する時期　4～6月
予防4～9月、12～1月

葉や果実、枝幹などを侵すやっかいな病気です。細菌による病気なので、よく効く薬はほとんどありません。使用できる薬剤は、抗生物質剤（アグレプト水和剤など）です。4月から9月の生育期に用います。

この病気は、風雨による伝染が著しいため、なによりも風当たりの強い場所に植えないことが大切です。

●縮葉病　注意する時期　4〜5月

4月から5月の新芽が伸びるときに、葉が縮んでふくらむ病気です。'豊後'など一部のウメに発生します。病葉を見つけたら、小さいうちに摘みとればほとんど問題ありません。

なお、この病気は主として豊後系のみに発生し、ほかのウメにはほとんどみられません。

●カイガラムシ

注意する時期　5月、7月、9月

ウメで特に問題なのは、ウメシロカイガラムシとタマカタカイガラムシです。タマカタカイガラムシは近年特に問題になっています。

ウメシロカイガラムシは、5月、7月、9月と1年に3回発生します。発生が多い場合は、12月にマシン油乳剤を散布します。遅れると薬害が出ることもあるので注意します。この散布を逃した場合は、果実収穫後の幼虫発生時期（7月中旬および9月中旬）に1〜2回、アプロード水和剤1000倍を散布します。

タマカタカイガラムシは、成虫をブラシなどでこすって殺すのも一つの方法です。

●ナシヒメシンクイ　注意する時期　5〜6月

いわゆるシンクイムシ（芯食い虫）の一種です。新梢の先端に虫が食い入り、芯を止めます。苗木や幼木では問題ですが、成木では問題ありません。

●ハマキムシ　注意する時期　6月

葉をつづり合わせてしまいので、やっかいです。発生初期にスミチオン乳剤1000倍液を散布します。しかし、果実収穫前の場合は残効性の短い薬剤を用います。

●コウモリガ　注意する時期　6月

幼虫が幹に食い入り、幼木などでは木が枯れることがあります。木の根元の草などを取り除いて、風通しをよくすることが大切です。被害の多いところでは、5月下旬から6月下旬にかけて注意し、幹にふんを見かけたら捕殺します。

●イラガ　注意する時期　6月

イラガには数種があり、いずれも被害は目立ちませんが、比較的長期間にわたって加害するので注意が必要です。発生が少ない場合は捕殺します。幼虫のとげには強い毒が含まれているので、はしなどでつまみ取ります。

●ダニ　注意する時期　6月

鉢植えでは被害を受けることがあります。水を嫌うので、ときどき葉裏を洗うようにします。

●うどんこ病　注意する時期　6月

例年発生が多い場合は、ストロビードライフロアブルなどを散布します。

●すす病　注意する時期　7月

7月ごろに発生します。葉がすすを塗ったように黒くなるもので、原因はカイガラムシやアブラムシなどの排せつ物です。したがって、これらの害虫を防除すれば防げます。

●根頭がん腫病　注意する時期　7月

根の先や地際部などにこぶ（がん腫）をつくる病気で、かかると樹勢が衰え、ひどくなると枯死することがあります。これは細菌による病気で、水銀剤が使用禁止になった現在、直接防除できる薬剤はありません。

●シャクトリムシ　注意する時期　8月

一度にたくさんは発生しません。見つけたら捕殺します。

●モンクロシャチホコガ

注意する時期　8〜9月

9月下旬ごろ最も発生が多く、うっかりすると葉を食いつくされてしまいます。発生初期は群がっているので早めに捕殺します。

●葉炭そ病　**注意する時期　9月**

葉の先端または縁から半円形に枯れ込む病気で、鉢植えなど樹勢の弱いものでは被害が大きくなる場合があります。例年発生が多ければ、8月下旬から9月上旬にかけて2〜3回、トップジンM水和剤を散布します。

ウメの歴史と分類

●語源と来歴

ウメの語源には3説あり、一つは「熟む」「実」の約転とするもの、二つ目は中国語の「梅《メイ》」に接頭語の「ウ」がついたとするもの、三つ目は、ウメの実のくん製が薬用として中国から渡来し、これを烏梅《ウメイ》といったが、その苗木を「ウメイの木」と呼んだことからきたというものです。いずれの説が正しいかははっきりしません。

ウメが古来から日本にも自生していたという説もありましたが、『古事記』『日本書紀』に記載がないことから、現在では中国原産ということになっています。

いろいろな文献から、ウメが日本に渡来したのは、奈良時代の少し前、初期の遣唐使が持ち帰ったのであろうと推定されています。

中国の文献では、紀元前200年以上前、周末期から春秋時代初期の詩集『詩経』に初めて現れます。日本の文献ではっきりウメとして現れたのは『懐風藻』（750年）であるとされ、これより少しあとの『万葉集』（770年）には、ハギの花の130余首に次いで多く、110余首にウメの花が詠まれています。

くだって江戸時代になると、品種は次第にふえ、『花壇綱目』（1681年）には53品種、19世紀に入って荒井与左衛門の『梅花集』（1878年）には

219品種、小川安村の『梅譜』（1901年）には343品種があげられています。

●ウメの分類

バラ科サクラ属ウメ亜属に分類されるウメ。植物学的にみると、牧野富太郎博士は次の5つの変種をあげています。

豊後　花も果実もアンズに近いもの。

小梅　葉も花も果実も小さいもの。

酈懸　花弁が萼より小さいしべ咲きのもの。

座論　一名を八房ともいい、1つの花に雌しべが複数つき、1個の花から数個の実がなることもある。

緑萼　若枝や萼が黄緑色（通常は茶色）をしているもの。青軸ともいう。

また、園芸的には果樹として栽培される実ウメと、観賞を目的として栽培される花ウメに大

ウメの各性の特徴

野梅系	原種に近いもので、枝は細く、花も葉も比較的小さい	野梅性	原種に近いもので、枝が細く、ときにはとげ状の小枝を出す。若い枝は緑色で、日焼けすると赤みが出てくる。葉は比較的小さく、毛がない
		紅筆性	蕾の先がとがって、紅色をしているために「紅筆」と呼ばれる
		難波性	枝が細く茂り、いくらか矮小気味。さし木でよく活着するものが多い。葉は丸葉
		青軸性	萼と若い枝が黄緑色をしている。花は青白色である
緋梅系	花は紅色がほとんどであるが、たとえ花は白でも、古枝の髄が赤ければ、この系に分類される	紅梅性	花色が明るい普通の紅梅。若枝の色が緋梅性のものほど濃くならず、緑色がかっている
		緋梅性	紅梅のうち、花の紅色が濃いものをこのグループに区別する。多くは樹勢が弱く、若枝が黒褐色に日焼けする
		唐梅性	紅梅のうちでも花色が薄く、花が古くなると白っぽくなり花弁に脈状の線が出る。花柄が一般に長い
豊後系	アンズとの雑種性の強いウメ。花はピンクが多い。花ウメ、実ウメの両方に当てはめられる	豊後性	アンズとの雑種性の強いウメ。花はピンクが多い。花ウメ、実ウメの両方に当てはめられる
		杏性	豊後性によく似るが、それより枝が細く、葉も小さい。葉面に毛はなく、枝の色は灰褐色。遅咲きのものが多い

別することができます。花ウメは古くから分類が試みられてきましたが、花や枝葉の形質を総括した分類は難しいものです。右ページに性による分類の一例をあげておきます。

花色の区別

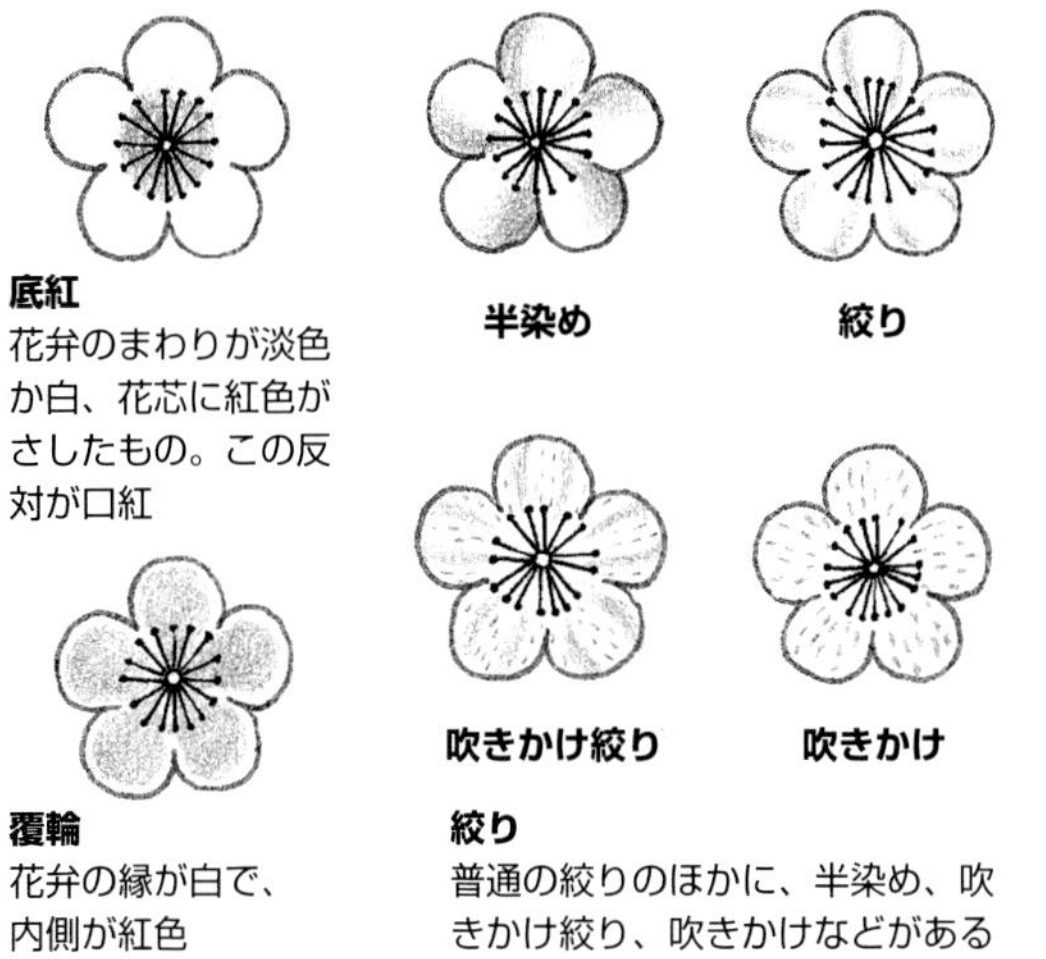
底紅
花弁のまわりが淡色か白、花芯に紅色がさしたもの。この反対が口紅
半染め
絞り
吹きかけ絞り
吹きかけ
覆輪
花弁の縁が白で、内側が紅色
絞り
普通の絞りのほかに、半染め、吹きかけ絞り、吹きかけなどがある

●品種の特性の見分け方

花の色や大きさのほか、花弁の状態、開花期などによって分けられています。

花色の区別　ウメの紅色は、黒ずんだ「黒紅」から濃い「濃紅」、明るくつやのある「本紅」、淡いピンクの「淡紅（淡色）」、さらに淡い色を「淡々紅」と分けられます。

白にもいろいろあり、「雪白」「青白色」「黄白色」「乳白色」などに分けられています。

このほか、ごく淡い黄色や「絞り」「底紅」「覆輪」など模様の入るもの（上図参照）や、蕾のうちと開花してからでは色が変化する「移り色」があります。

花の大きさ　栽培法、樹勢、樹齢などによって異なりますが、便宜上、満開時の花の直径で次のように分けています。

極大輪（4㎝以上）／大輪（3～4㎝）／

中大輪（2.5〜3㎝）／中輪（2〜2.5㎝）／小輪（1.5〜2㎝）／極小輪（1.5㎝以下）

花弁の状態　花形の違いで、左図のように区別されています。

開花期　場所、その年の天候、栽培法、樹勢などによって大きく異なります。本書では、関東地方の平均的な開花期をもとにしています。一般に、品種間の開花期のずれは、南にいくほど大きくなり、北へいくほど縮まります。

その他　以上のほか、萼や雄しべ、枝の特徴、春の新芽の色などについても、品種によって特徴が見られます。

花弁の状態のいろいろ

最も普通の丸弁。花弁のつけ根が丸く、その部分だけが重なり合う

丸弁だが花弁のつけ根が細く、重なりのないもの

丸弁だが上の2つよりもつけ根が細く、はっきりと離れているもの

花弁の先がキキョウの花弁のようになっているもの

花弁が平たいもの

スプーンのように中央部がへこんでいる、いわゆる抱え咲き

花弁の先端が外側に反り返っているもの

花弁が6枚あるもの

花弁が細いもの

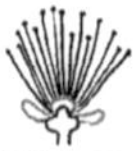

花弁が退化して、代わりに雄しべと雌しべが発達して長くなったもの

花弁がなく、雄しべと雌しべだけのもの

雄しべの先が小花弁に変わるもの。中に小ギクが入っているように見える

花弁が縮れてしわのあるもの

花弁ではなく、雌しべが2本以上ある、いわゆる座論梅

さまざまなウメの品種

ウメは栽培の歴史が古いだけに、花ウメでは約300品種、実ウメだけでも約100品種と多くの品種があります。

ここでは、比較的有名なものをあげましたが、もちろん、ほかにも魅力的な品種がたくさんあります。

野梅系　野梅性(一重)

‘初雁(はつかり)’ 12月中旬から2月中旬に極小輪の花が咲く。初めて雁が飛来するころ咲くのでこの名がある。極早咲き

‘道知辺（みちしるべ）’ 初めは紅色でのち紫紅色に変わる大輪の受け咲き。1月中旬から2月下旬に咲く。強健で庭木、鉢植えに向く

M.Tsutsui

‘白鷹(はくたか)’ 大輪で1月中旬から2月下旬に咲く。しべは正開。萼は赤茶色。枝はよく伸び、数は少ない。庭木、鉢植え向き

H.Miyazaki

‘冬至（とうじ）’ 白の中輪花が12月下旬から2月中旬に咲く。冬至のころ咲くのでこの名がある。枝が細く、盆栽、鉢植えに向く

M.Tsutsui

‘米良（めら）’ 極小輪の花が1月中旬から2月下旬に咲く。花弁は1枚だけ遅れて開く。鉢植え、盆栽向き

Y.Suzuki

‘通い小町（かよいこまち）’ 中輪で1月中旬から2月中旬に咲く。しべは長短があり、花底は黄茶色。萼は紅茶色。樹勢は強健

‘紅冬至（こうとうじ）’ 淡紅の中輪花が12月下旬から2月中旬に咲く。開花が早く、花つきがよい。強健で庭木に向くが、正月用の寄せ植えにも向く

野梅系 野梅性(八重)

T.Otsubo

‘八重寒紅（やえかんこう）’　濃紅の中輪花が12月中旬から1月中旬に咲く。花弁は波打つ。しべは淡紅色で、萼は濃こげ茶色

‘八重野梅（やえやばい）’　大輪で1月上旬から2月下旬に咲く。花は平開。蕾はやや紅色で気品がある。樹勢は強健

M.Tsutsui

‘月宮殿（げっきゅうでん）’　乳白色の大輪花が2月上旬から3月中旬に咲く。抱え咲きでしべは中長、散開。庭植え、鉢植え向き

野梅系／野梅性(一重)

M.Tsutsui

‘日月（じつげつ）’　紅白絞りの中輪花が1月下旬から3月上旬に咲く。しべは正開し、花形がよい。萼は紅茶色。樹勢は強健で鉢植え、盆栽に向く

‘鄽懸（てっけん）’　花弁が退化し、しべだけの花をつける。別名「茶筅梅」。2月中旬から3月中旬に咲く

H.Miyazaki

‘一重寒紅（ひとえかんこう）’　小輪で12月下旬から2月下旬に咲く。老木になると12月上旬から花をつける。盆栽向き

Y.Suzuki

‘流芳（りゅうほう）’　大輪で6～8弁の花も出る。2月上旬から3月中旬咲き。強健で鉢植え、庭木に向く

H.Miyazaki

‘黄金梅（おうごんばい）’　初め黄色い花が満開になると白くなる。極小輪で1月中旬から2月中旬に咲く。細枝が多いが強健

Y.Itoh

'見驚(けんきょう)' 淡紅から移り白の派手な大輪花が2月上旬から3月中旬に咲く。樹勢は強健で庭植えに向く

M.Tsutsui

'玉牡丹(たまぼたん)' 大輪で2月上旬から3月中旬に咲く。内側の弁は小さく、平たく見える。鉢植え、盆栽向き

Y.Itoh

'輪違い(りんちがい)' 別名「思いのまま」。中輪で2月中旬から3月中旬に咲く。半染めで樹勢強健。鉢植え、盆栽に向く

H.Miyazaki

'柳川絞り(やながわしぼり)' 爪紅の中輪花が2月上旬から3月中旬に咲く。絞りと赤と白に咲き分ける。萼は茶色

M.Tsutsui

'香篆(こうてん)' 移り白の中輪花が1月上旬から2月中旬に咲く。枝が雲竜形に曲がることから別名「雲竜梅」ともいう。5～6年の幹にこぶができる

'花座論(はなざろん)' 中輪の花が2月上旬から3月中旬に咲く。花弁が波打つ。2～3片が内側に曲がり、1輪で2～3輪に見える

Y.Suzuki

'都錦(みやこにしき)' 淡紅の中大輪花が1月中旬から2月中旬に咲く。裏紅。紅白咲き分けになるが紅花は少ない。弁は波打つ

T.Otsubo

'水心鏡(すいしんきょう)' 大輪の花が2月上旬から3月中旬に咲く。開花の始めは黄白色でのち白。旗弁があり、枝条は太い。盆栽、鉢植え、庭植えに向く

野梅系 紅筆性

‘内裏（だいり）’ 三重の大輪花が2月中旬から3月中旬に咲く。咲くと絞りが出る。萼は緑と淡い紅茶色。鉢植え、盆栽向き

M.Tsutsui

‘古金襴（こきんらん）’ 裏弁口紅の中輪花が2月上旬から3月中旬に咲く。萼は紅茶色で、枝先は細く、太りにくい

H.Miyazaki

‘八重海棠（やえかいどう）’ 三重の中輪花が2月上旬から3月中旬に咲く。ぼかし。花弁は大きく波打ち、半開

‘紅筆（べにふで）’ 口紅ぼかし。中輪で2月中旬から3月中旬に咲く。花弁は狂う。節間が詰まる

野梅系 青軸性

H.Miyazaki

‘月影（つきかげ）’ 清白色の中輪花が1月中旬から2月下旬に咲く。枝も萼も緑色で美しい。盆栽、鉢植えに向く

M.Tsutsui

‘金獅子（きんじし）’ 小輪で1月中旬から2月上旬に咲く。石化して枝が太くなり、節間は詰まる。鉢植え、盆栽向き

野梅系 難波性

‘古郷の錦（こきょうのにしき）’ 三重の中輪花が1月中旬から2月上旬に咲く。抱え咲きで花弁はやや波打つ。鉢植え、盆栽向き

M.Tsutsui

‘御所紅（ごしょべに）’ 八重の中輪花が2月上旬から3月中旬に咲く。抱え咲き、しべは長短あって正開

豊後系　豊後性(一重)

Y.Suzuki

'滄明の月（そうめいのつき）'　移り白の大輪花が2月下旬から3月中旬に咲く。花弁は丸く、少し波打つ。裏紅で、萼は赤茶色

T.Otsubo

'労謙（ろうけん）'　大輪で2月上旬から3月中旬に咲く。わずかに抱え咲き。しべはやや長く、萼は紅茶色。鉢植え、盆栽、庭植えに向く

H.Miyazaki

'巻立山（まきたつやま）'　中輪で2月中旬から3月中旬に咲く。裏弁爪紅絞り。花弁は細かく波打つ。抱え咲き

'豊後（ぶんご）'　一重と八重がある。大輪で3月上旬から中旬に咲く。花つきが多く、自家結実性がある。実ウメとしての品質は中。熟期は6月下旬

豊後系　杏性

Y.Itoh

'江南所無（こうなんしょむ）'　八重の明るい紅色の大輪花が3月中旬から4月上旬に咲く。紅梅の初期のものといわれる、中国原産のままのもの

豊後系　豊後性(八重)

H.Miyazaki

'楊貴妃（ようきひ）'　大輪で、2月中旬から3月下旬に咲く。花弁は波打つ。萼はこげ茶色。盆栽、鉢植えに向く

緋梅系　紅梅性(一重)

‘佐橋紅（さばしこう）’
中輪で2月上旬から3月中旬に咲く。萼はこげ紅茶色。花柄は長い。樹勢は強健で庭植え、鉢植え向き

M.Tsutsui

‘紅鶴（べにづる）’
大輪で1月中旬から2月上旬に咲く。萼は濃いこげ紅茶色。枝は粗く、庭植えに向く

‘紅千鳥（べにちどり）’ 2月中旬から3月中旬に咲く。旗弁が出る。明るい赤色が特徴。丈夫で庭木に向く

‘大盃（おおさかずき）’ 1月中旬から2月下旬に咲く。抱え咲きでしべは長く紅色。散開で萼は濃こげ茶色。樹勢は強健。盆栽、鉢植えに向く

M.Tsutsui

‘森の関（もりのせき）’ 中大輪の花が2月上旬から3月中旬に咲く。淡紅色の底紅で萼はこげ紅茶色。鉢植え、盆栽向き

M.Tsutsui

‘緋梅（ひばい）’
小輪で1月中旬から2月上旬に咲く。しべは長くて赤い。花芯は緑色。樹勢はやや弱く、盆栽に向く

緋梅系　紅梅性（八重）

‘鹿児島紅（かごしまべに）’ 三重の中輪花が2月上旬から3月中旬に咲く。しべは赤色で正開。萼はこげ紅茶色

‘鴛鴦（えんおう）’ 中大輪花で花弁に赤い筋が入る。1月中旬から2月下旬に咲く。別名「夫婦（みょうと）梅」。最も強健な品種。花梗は長く、花が下向きで唐梅に似る

M.Tsutsui

‘錦光（きんこう）’ 中輪で1月中旬から2月中旬に咲く。抱え咲きで、花底は緑色。萼はこげ茶色。花梗は長い

M.Tsutsui

‘蘇芳梅（すおうばい）’ 中輪で2月上旬から3月中旬に咲く。花形は端正で、気品がある

M.Tsutsui

‘五節の舞（ごせちのまい）’ 三重の中輪花が2月上旬から3月中旬に咲く。しべは淡紅色。花底はやや深い緑色で萼は黄茶色

‘光輝（こうき）’ 三重の中輪花が2月上旬から3月中旬に咲く。中側の花弁がよじれる。萼は濃いこげ茶色

M.Tsutsui

‘八重唐梅（やえとうばい）’ 中輪で1月中旬から2月上旬に咲く。花弁に赤筋が入る。弁端はややぼかし。花梗は長く、花は下向き

M.Tsutsui

‘黒雲（くろくも）’ 四重の中輪花が2月上旬から3月中旬に咲く。花弁は波打つ。萼はこげ茶色。花梗が長く、花は垂れる

実ウメの品種

S.Maruyama

‘長束（なつか）’
一重の大輪花が2月上旬から3月上旬に咲く。花粉は多く、自家結実性。樹勢は比較的強い。熟期6月中旬。果実大

‘白加賀（しろかが）’
一重の大輪花が2月下旬から3月下旬に咲く。花粉はごく少なく、自家 不結実性。果実は大きく、熟期6月中旬から下旬

‘花香実（はなかみ）’
八重の中輪花が2月中旬から3月上旬に咲く。花粉が多く、自家結実性は比較的強い。熟期は6月中旬。果実は中くらい

‘甲州最小（こうしゅうさいしょう）’
一重の小輪花が2月中旬から3月中旬に咲く。花粉が多く、やや自家結実性。熟期は6月上旬。果実は小

‘梅郷’　2月下旬から3月中旬に咲く。花粉は多いが、自家不結実性。果実は大きく、熟期6月中旬から下旬。樹勢は強い

‘南高（なんこう）’　一重の大輪花が2月中旬から3月中旬に咲く。花粉が多いが、自家不結実性。熟期は6月中旬から下旬。果実大

‘月世界（げっせかい）’　一重の大輪花が2月上旬から3月上旬に咲く。花粉が多く、自家不結実性。熟期は6月中旬

‘鶯宿（おうしゅく）’
一重の大輪花が2月中旬から3月中旬に咲く。花粉は多く、やや自家結実性。熟期は6月中旬から下旬。果実大

品種の選び方

●庭植えの品種選び

花も実も楽しむのであれば実ウメ

特に庭植えの場合、花も実も楽しむというのであれば、実ウメがおすすめです。実ウメといっても、花がおもしろくないわけではなく、実ウメには色の濃い品種がないのと、開花期が一般に遅いという違いがあるくらいで、花は花ウメに比べても見劣りしません。

組み合わせて楽しむ

複数の品種を組み合わせて育てるのも楽しいものです。ウメを2～3本植えるなら、‘八重寒紅’、‘大盃’、‘緋梅’などの、早咲きで赤系の花ウメを1本と、実ウメ品種の白系とピンク系を1本ずつ植えれば申し分ありません。ウメは春から夏にかけての枝の手入れさえ上手に行えば、けっこう小ぶりに仕立てることができ、2～3本植えてもそれほどスペースをとりません。

どうしても1本だけという場合は、1本植えておき、あとから高つぎを行って、1本の木に数品種を開花、結実させることも可能です。

実ウメ品種の選択上の注意

花ウメの場合は書物を見たり、梅園に出かけたりして気に入った品種を求めればよいわけですが、実ウメの場合は、結実の関係で相性もありますので、いくつかの注意点と、品種の組み合わせの例をあげておきます。

ポイント①

ウメは自家不結実性といって、同一品種の花粉では結実しない性質が強いため、できれば、開花期がほぼ同じで、花粉の多い2品種以上（1本の木に他の品種をついでもよい）を同一場所に植えるとよいでしょう。

自家結実性が比較的強い品種もいくつかありますが、このような品種でも、よく結実させるには他品種をそばに植える必要があります。

ポイント②

実ウメの受粉に花ウメの花粉を使うこともできますが、なかには、花粉が少ないものや、受粉の役目を果たさない品種もありますので、事前に確認しておきましょう。紅梅性の品種には花粉の少ないものが多いようです。

また、この場合、花ウメに実をつけることはあまり考えないので、実ウメ品種よりも開花がいくらか早いものがよいでしょう。

ポイント③

比較的求めやすい品種は次のとおりです。1本だけなら比較的自家結実しやすいAのグループから、2本植えるならBグループのものを2品種、3本植えるなら、Bグループから3品種、または2品種とCの1品種を選んでもよいでしょう。最もおすすめなのが、白花の〝南高〟とピンク色の花を咲かせる〝月世界〟です。

A 〝花香美〟〝豊後〟〝長束〟

B 白色の花が咲くもの…〝梅郷〟〝南高〟〝稲積〟
淡紅色の花が咲くもの…〝花香実〟〝鷺宿〟
〝月世界〟〝林州〟〝養老〟

C 〝玉英〟〝白加賀〟

ポイント④

右の品種以外にも、各地に優秀な品種があります。近くによく実がなるウメで気に入ったものがあれば、それを選ぶのが無難といえます。

一部の例として、秋田の'鋼梅'、新潟の'小坂梅'、'越の梅'、'藤五郎'、福井の'剣先'、'紅サシ'、佐賀の'黒姫'、'三徳'、京都の'城州白'などがあげられます。

●鉢植えの品種選び

好みで自由に選べる鉢植え

鉢植えならば場所をとらず、数鉢は持てるので、好みで選んでください。ちなみに、正月に咲かせる早咲き用としては開花の早い'冬至'、'八重野梅'、'大盃'、'八重寒紅'、'紅冬至'などがよいでしょう。

鉢植えの用土

ウメを植える土は、水はけのよいものなら何でもかまいません。ただ、種類によって保水、肥もちなどが異なりますので、土の性質を知り、用土に合った管理をしましょう。

例えば、勤めに出ている人が乾きやすい砂質の用土を用いると、乾燥で枯らす危険もあります。こんな場合は水はけがよくて、水もちのよい赤玉土などの用土を用いるのも、一つの工夫です。

関東地方では赤玉土がよく用いられ、赤玉土に腐葉土を2割程度混ぜたものや、赤玉土5-腐葉土3-桐生砂2の割合で混ぜたものなど、いろいろな配合が行われています。

いずれの用土もゴロ土（粒径0.8〜1.5㎝）と2㎜以上で8㎜以下の目のふるいを通し、みじんを取り除いたものを使用します。

ウメの加工

ウメの熟期は、地域ごとに、また品種ごとに違います。用途に応じて、適した熟度のものを用いましょう。

●梅干し

梅干しに適したウメの熟度は、青みが抜けて、中がわずかに黄色みを帯びるぐらいのよく熟れたものが理想的です。なお、カリカリした歯ごたえのものをつくる場合は、後述の梅酒と同様の熟度のものを選びます。

水（梅酢）が上がる前にカビが出たりしないよう、ビニール袋を利用したつくり方をご紹介しましょう。

①ウメを洗ったら、ぬれたままビニール袋に入れる。重量の15～16％の塩をまぶし、ビニール袋に入れたまま、1日に何度も中身を上下に返す。1～2日のうちに梅酢が上がるので、塩が全部溶けたらかめに移す。

②かめに入れたウメの実が空気に触れないように、ビニールで表面をぴったりと覆って、軽く重しをする。15～30日そのまま漬けておく（下漬け）。

このあと、毎日少しずつ庭のウメを拾ってきたときは、洗って、そのままかめに入れる。塩は、追加分のウメの重量に合わせて量り、梅酢

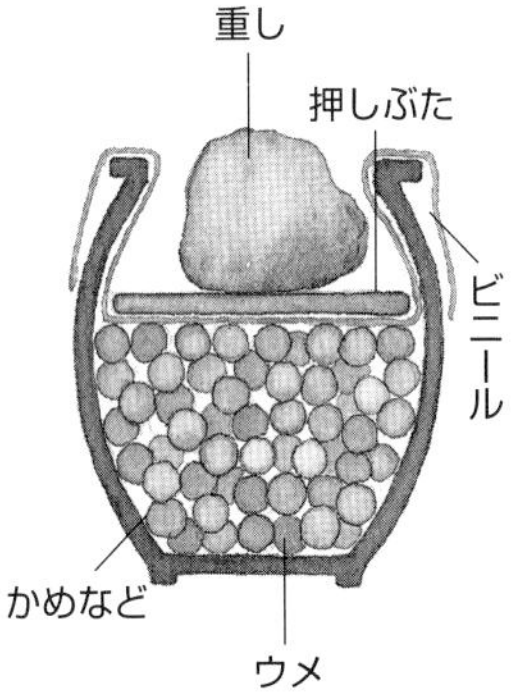

に溶かしてから入れる。この方法なら、熟度や水の上がり具合がそろう。

③下漬けを終えたものをかめから出し、いったん水で洗ってから、すのこの上などで3～4日干すと、白梅干しができる。この間、昼間干しておいたものを夜は梅酢の中に戻す。

④かめの梅酢を別にとり、少量の梅酢と白梅干しを入れて保存する。梅酢はショウガ漬けその他に利用できる。

※干さずに貯蔵することもできる（ドブ漬けまたはウメ漬け）。

※赤い梅干しをつくるには、下漬けのときに、原料のウメの重量の10％の赤ジソを入れる。赤ジソは前もって少量の塩でもんで、黒い汁を捨て、ウメの上に敷き詰め、重しをのせる。

●梅酒

ウメを1.2kg、氷砂糖（または白砂糖）を同量、ホワイトリカー1.8ℓの割合で用意します。

ウメは、青くて大きなものを選びます。

①ウメを一晩水に浸してアクを抜き、水洗いしたあと、布で水気をよくふき取る。

②広口のガラス瓶などの容器に、ウメと砂糖、ホワイトリカーを入れ、密閉して冷暗所に置く。

③2～3か月で梅酒ができ上がるので、ウメを取り出す。できた梅酒は1年以上、できれば2～3年と長くおけばおくほどまろやかになる。

※カクテルなどに用いるなら、砂糖を入れないでつくってもよい。
※ホワイトリカーの代わりに、ウィスキーや清酒、アルコール度数25％の焼酎などを用いてもよい。

●梅肉エキス

梅酒に用いるよりも若い、まったくの青ウメを用います。青ウメ1kgから、だいたい25ｇぐらいの梅肉エキスができます。

①ウメを洗ってタネを取り除き、ミキサーでつぶして布で搾るか、ジューサーなどで果汁を集める。タネを除くには、図のように2枚の板で挟んで果

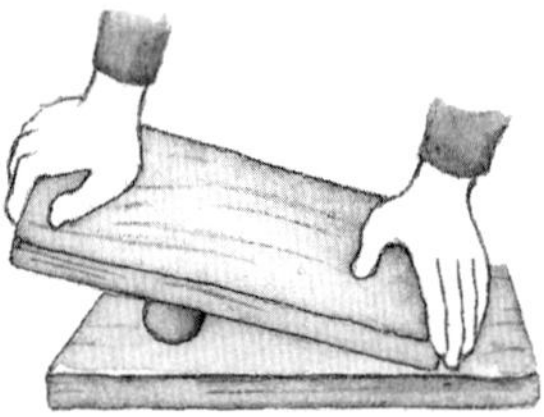

実を割ってから取り出すとよい。
②搾った果汁をとろ火でゆっくりと煮詰める。酸が強いので、ホウロウびきの鍋か土鍋を使う。
③煮詰まった液がしゃもじなどの先で糸を引くようになればでき上がり。
④ガラス瓶などに詰めて密封しておけば、何年でも保存ができる。
※果汁を搾ったかすは捨てずに、砂糖を加え、とろ火で煮詰めて梅ジャムなどにする。

●梅ジュース

さわやかで、夏の飲み物に最適なジュースです。カクテルなどに使ってもおいしくいただけます。また、梅酒は子どもには向きませんが、ジュースなら大丈夫です。

梅酒同様の青ウメか、梅干しにするくらいのやや黄色みをおびたウメを用います。当然、風

味は異なりますが、前者のほうがさわやかです。いずれも大きくて肉厚のものを選びます。

　砂糖は、ウメ1kgに対して0.8～1kgを用意します。好みに応じてあとで追加できるので、少なめにしておくほうが無難でしょう。

　容器は、ジュースが漏れにくいように内蓋のついた広口瓶を用意します。一般に梅酒用の瓶として市販されているもので十分です。

①ウメを一晩水につけてアクを抜く。

②別の容器に砂糖を入れ、ごく少量の水で練る。

③①の水を切って②に少しずつ入れ、砂糖をからめてから広口瓶に詰める。

④まもなく果汁が出てくるので、1日に何回も瓶を上下に振って混ぜる。

⑤2～3日して砂糖が完全に溶けたら完成。

※できたジュースを適度に薄めて試飲し、甘いのが好みならば砂糖を加える。万が一甘すぎた場合は、市販のクエン酸を加えてもよい。調整が終わったら適当な空き瓶などに小分けしておく。

※このジュースは常温で保存しても腐らないが、発酵してくる。長く保存したいときは、瓶にゆるく栓をあてがい、深い鍋にはった湯につけて鍋の蓋をし、加熱する。ジュースが80℃くらいになったら速やかに蓋をする（簡易殺菌）。風味をそこないたくなければ、ビニールの保存袋などに入れて冷凍保存してもよい。

※ジュースをとったあとのウメの実は、そのまま食べたり、タネを取り除き、果肉をつぶして、ジャムにしてもよい。また、好みによって塩やしょうゆ、みそなどで味を調整し、軽く煮詰めて瓶に詰めておけば、生野菜を食べるときの調味料などにもなる。

大坪孝之（おおつぼ・たかゆき）

1939年広島県生まれ。元東京農業大学助教授。現在、東京農業大学成人学校講師。ウメのほかリンゴやカンキツ類などの主要果樹はもとより、ブルーベリー、スターフルーツなど小果樹や熱帯果樹にいたるまで、果樹全般にわたりキャンパスの実験圃場で栽培研究の指導を行う。また、趣味のバラ栽培、つぎ木にも年季が入っている。ウメについては、1種だけで実がたくさんなり、ピンク色の美しい花が咲く実ウメの品種をつくり出したいというのが目下の夢。

表紙デザイン・本文レイアウト
エイアール(ar inc.)
イラスト
吉田ゆか
撮影・写真提供
伊藤善規
大坪孝之
鈴木康弘
筒井雅之
丸山 滋
宮崎 洋
f64写真事務所（福田稔、上林徳寛）
（本文中にクレジット表記のないものは
f64写真事務所による）
撮影協力
静岡県　丸子の宿
編集協力
小野蓉子
校正
安藤幹江

NHK趣味の園芸
よくわかる栽培12か月
ウメ

2002年 2月15日　第 1 刷発行
2023年 6月30日　第23刷発行

著　者　大坪孝之

発行者　松本浩司
発行所　NHK出版
〒150-0042　東京都渋谷区宇田川町10-3
TEL　0570-009-321（問い合わせ）
0570-000-321（注文）
ホームページ https://www.nhk-book.co.jp
印　刷　凸版印刷
製　本　凸版印刷

ISBN978-4-14-040183-5 C2361
Printed in Japan